PÈLERINAGES AU LINCEUL
DE TURIN

Antoine Legrand

Le Linceul de Turin

Préface
René Laurentin

3e édition revue et corrigée

Collection
Sanctuaires Pèlerinages Apparitions

Desclée De Brouwer

Du même auteur

LE LINCEUL

50 documents en couleurs
commentés par Antoine Legrand
32 pages à paraître début 1988
aux éditions Saint-Paul
6, rue Cassette
75006 Paris

un montage audio-visuel

LA PASSION ET LA RÉSURRECTION
DE JÉSUS SELON SON LINCEUL

livret, diapositives et cassette,
disponible chez votre libraire religieux
ou, à défaut, chez :
AUVIDIS
34, rue des Peupliers
75013 Paris

NIHIL OBSTAT, Versailles 18 Avril 1980
Mgr Georges Assemaine
IMPRIMATUR, Versailles 25 Avril 1980
Guy-Marie Chauvet, V.G.

ISBN : 2-220-02288-9

PRÉFACE

Un pèlerinage ?

Le linceul conservé à Turin entre dans cette collection *Pèlerinages* à des titres singuliers. De la Croix au tombeau, de Constantinople à Lirey, Chambéry et Turin, il a réalisé l'étonnante et mystérieuse pérégrination qu'on trouvera reconstituée dans ce volume (Carte, p. 30 ; 31). Il est objet de pèlerinage, de longue date : les Apôtres au matin de Pâques, les croisés, saint Charles Borromée, saint François de Sales. C'est un pèlerinage *sui generis* : épisodique, car les « ostensions » sont rares, la précieuse étoffe étant le plus souvent enfermée dans son reliquaire d'argent. Mais c'est un pèlerinage éclatant : celui de septembre-octobre 1978 a battu tous les records : près de 3 millions de pèlerins en un mois et demi : une densité sans égale, selon le critère d'affluence journalière.

Authentifié par la science

La critique historique et scientifique fut fatale à quantité de reliques et sanctuaires, depuis un siècle. Paradoxalement, elle a redonné crédit à ce linceul étrange qu'on appelait improprement le Saint-Suaire. Longtemps discuté, il a été authentifié par la critique même. L'aventure commença en 1897. La première photographie (dont ce livre raconte les antécédents mal connus) révéla en positif le visage énigmatique du mystérieux crucifié. Le linceul avait attendu silencieusement, durant plus de XVIII siècles. Sa révélation au sens à la fois chimique et spirituel de ce mot : 60 ans après Daguerre. Depuis lors, les tests scientifiques multipliés : études de pollens, décodage du relief inscrit dans les empreintes, etc. sont venus au rendez-vous de l'hypothèse. Les difficultés mêmes sont devenues inopinément des preuves inattendues en faveur de ce témoin silencieux.

Ce retournement a passionné l'opinion. La découverte venait à son heure — providentiellement — en un temps où les excès des sciences humaines adolescentes mettaient en doute, parfois jusqu'à l'existence de Jésus. Et voici que les techniques scientifiques de pointe convergeaient pour identifier l'enseveli du linceul avec Jésus, flagellé, couronné d'épines, chargé de sa croix, cloué sur le bois, enveloppé d'un linceul, avec la minutie réaliste du médecin légiste, éclipsant les trouvailles du roman policier. Ce constat toucha des agnostiques sur le simple terrain de l'histoire. Il en convertit d'autres. Il fut pour la masse des chrétiens une école de méditation, une réanimation de l'Évangile, trop souvent enseveli dans le cœur des hommes.

« L'icône non peinte de main d'homme », comme on appela le linceul, dès les premiers siècles, reste un signe bouleversant, que l'étude scientifique fait rebondir périodiquement. On n'a pas encore pris toute la mesure de ce point de recoupement entre science et foi, entre Tradition présente et passée, visible et invisible.

On trouvera dans ce livre, bien des observations nouvelles, inédites, l'angle des bras, la manière dont le couronnement d'épines a marqué la nuque, sans qu'il y ait trace d'un cercle d'épines, les traces de bandelettes, aux coudes et aux pieds, qui recoupent des données historiques et archéologiques inédites. Legrand a trouvé des traces de larmes, différentes des traces de sang, etc.

Un témoin

Antoine Legrand est, en effet, là-dessus, un témoin et un expert irremplaçable. Conférencier très demandé (une centaine de fois en chacune de ces dernières années), il n'avait publié qu'une brève plaquette, quelques articles spécialisés. L'essentiel de sa compétence, reconnue par quelques experts, restait ainsi méconnue.

Le linceul de Turin est au centre de sa préoccupation et de son étude depuis plus de 60 ans. Car il est né en 1904. Et, c'est dès son enfance, avant la Guerre de 1914, qu'il se passionna pour les premières découvertes scientifiques autour du linceul. Dès lors, il n'a manqué aucune information, aucune ostension, aucun contact, aucune occasion, aucun recoupement à travers ses lectures et ses rencontres. Il a fait son voyage de noce à Turin. Il a recueilli les témoignages des pendus et de ceux qui avaient vu pendre à des barres à Dachau. Il a conduit des expériences multiples, personnellement ou en collaboration interdisciplinaire avec d'autres spécialistes.

Je suis porté à penser qu'il détient ainsi la bonne explication du problème crucial : la formation des empreintes négatives sur le Suaire. Ces expérimentations conduites et vérifiées, depuis 20 ans, expliquent à la fois pourquoi Jean et Pierre, les premiers visiteurs du tombeau, au matin de Pâques n'ont *pas vu* d'empreintes sur ce linge (c'était là apparemment une « difficulté » majeure) et comment ces empreintes, apparues plus tard, sont devenues indélébiles. On jugera de ses arguments et de sa démonstration.

Il est le seul expert qualifié qui ait participé aux trois dernières ostensions : 1933, 1973, 1978. Chaque fois, il a été admis à examiner le Suaire de près, à la loupe durant plusieurs heures, à confronter son avis avec ceux des autres experts, bénéficiant, chaque fois, de la somme des questions et expériences accumulées aux ostensions précédentes.

La conservation même du linceul lui doit beaucoup. Il a perçu, en 1933, les déformations que certaines manières de plier le linceul infligeaient à cette étoffe. Il a indiqué le remède. Il a été écouté par le cardinal Fossati. Il a trouvé la raison pour laquelle la *teinte* des traces de sang, dont on s'étonnait était déformée par les lumières artificielles sous lesquelles on examinait le linceul pour éviter les dégâts de la lumière solaire.

Un expert

J'ai dit qu'il était un « expert ». A quel titre ? On le sait moins. Longtemps, je me suis demandé comment cet « autodidacte » (comme certains le définissaient) faisait preuve d'une si étonnante maîtrise, et par moment d'une sorte d'infaillibilité.

Antoine Legrand n'est pas médecin, il est vrai. Ceux qui redoutent ses jugements l'ont souvent souligné. Mais toute sa vie, il a travaillé avec des médecins : les docteurs Jacques Galimard, Détis, Villandre, etc. Chaque jeudi, pendant des années, il travailla chez Barbet, le chirurgien qui fit faire, entre les deux guerres (après Vignon, l'archéologue), une si considérable étape à la connaissance médicale du Suaire. Legrand a collaboré à ses expériences. Un jour ils se sont confrontés à quatre pour mesurer la taille de l'homme du Suaire, après avoir établi les critères par voie d'expérience. Ils sont arrivés au même résultat, à deux centimètres près : 1 m 78 : résultat que l'on peut tenir pour définitif, en dépit des chiffres aberrants que l'on a multipliés depuis lors, soit en dessus, soit en dessous.

Ils ont crucifié des cadavres dans des salles de dissection. Ils ont expérimenté des fouets et des couronnes d'épines faites avec les arbustes de Palestine jusqu'à obtenir des empreintes semblables à celles du linceul. Ainsi ont-ils pu identifier la direction des coups et la position du corps qui les avait reçus. Durant les années 50 ils ont suspendu au patibulum des volontaires passionnés pour la même recherche. Legrand lui-même s'est fait suspendre à une croix. Il a ressenti les atteintes du tétanos, dont il parle discrètement au passage. J'ai insisté pour qu'il le fasse, car il ne s'en vante pas dans ses conférences... A ce titre encore, il est un témoin autorisé.

Il a collaboré avec Barbet à la mise au point des conclusions et à la rédaction de ses livres, apportant, avec une passion exigeante ses intuitions audacieuses et ses critiques impitoyables.

Pourquoi les médecins ont-ils apprécié la collaboration

avec Legrand — et réciproquement — ? Barbet l'a exprimé un jour en disant :

— Vignon a fait des travaux archéologiques admirables sur le linceul, mais pour l'anatomie, il me décourage.

Or, Legrand était ici une ressource, car deux sortes d'hommes ont su voir le Suaire et ainsi l'interpréter : les *médecins* et les *artistes*.

Legrand est peintre de formation. Ancien élève de l'*École Nationale supérieure des Arts décoratifs*, en 1921, il fut, pendant une dizaine d'années, l'élève préféré et le collaborateur de Paul Riquet. Il exposa au Salon des artistes français, et son maître le spécialisa dans la restauration de tableaux des grands maîtres : un art qui exige observation, rigueur, intuition, créativité, capacité de réalisation. Mieux que quiconque, parmi les experts du linceul, il est armé pour dire : Non, ce ne peut pas être une peinture ! On jugera de ses arguments.

Mais surtout, sa formation de peintre est une formation d'*anatomiste*. Legrand fut, en 1921, élève de Forget (lui-même élève et successeur de Richet) : un maître. Le peintre apprend l'anatomie, en fonction de la vision qui en résulte : pour la traduire plastiquement, à plat, ainsi qu'elle l'est sur le Suaire. Legrand détient ainsi une expérience et des clés que le médecin lui-même ne détient pas toujours. C'est pour cela que Barbet apprécia sa collaboration.

Chez l'un et l'autre, une même passion, une même exigence, une même foi. En cela aussi Legrand est un témoin. La foi bien comprise ne décourage pas l'exigence critique. Elle la stimule au contraire. Ainsi fait-il bon marché de « subtilités » incontrôlables et de théories bizarres. Il est redouté comme un impitoyable détecteur de mensonge.

Ce visuel exercé n'est jamais un voyeur, il est parfois presque un voyant. Il nous livre ici le livre de sa vie.

La recherche sur le Suaire n'est pas close. Elle a passé et passera par bien des tâtonnements ou égarements. Au Congrès de Turin, on a pu constater des reculs en même temps que des avancées, des remises en question gratuites en même temps que des confirmations éclatantes. La science fait rarement deux pas en avant sans avoir fait un pas en arrière. C'est la loi même de la recherche. Le plus sûr, le plus authentique de ce que l'on sait maintenant, vous le trouverez dans ce livre objectivement ouvert à la discussion. Les meilleurs interprètes du Suaire ont été des médecins et des artistes avons-nous dit. Il faudrait ajouter les radiologues... et les mystiques : François de Sales, Charles Borromée et Thérèse de Lisieux, dont l'intuition perçut à l'avance l'incompréhensible négatif qui devait être décrypté quelques mois après sa mort, je ne sais quel regard du Sauveur. Il y a aussi de cela chez Antoine Legrand. Il fait toucher la frontière du constat scientifique et de la limite ouverte sur un au-delà qui donne du champ à la foi et à la mystique. Mais il serait indiscret d'insister. Voyez et lisez.

René LAURENTIN

1
Pèlerins et pèlerinages au Linceul

Du matin de Pâques à 1978

Le premier pèlerinage

Le premier pèlerinage au linceul du Christ fut celui qu'accomplirent, au matin du 16 Nisan de l'an 30 (9 avril) Pierre et Jean alertés par les femmes qui avaient trouvé le tombeau vide [1].

Lors de ce premier pèlerinage, il n'y avait pas encore d'empreintes *visibles* sur le Suaire. Nous comprendrons bientôt pourquoi... Nous verrons comment le Suaire est devenu, plus formellement, en ces derniers siècles, l'objet d'un pèlerinage, précisément comme témoin de la Passion du Sauveur.

Reliques

Est-ce une relique ? Oui en un sens. Et le linceul relève de la discipline de l'Eglise au sujet des reliques : affaire mineure dans la vie de l'Eglise. Aussi bien celle-ci n'engage-t-elle jamais son infaillibilité en pareille matière. Une relique n'est pas un article de foi et si de nombreux Papes ont exprimé leur conviction personnelle que le linceul de Turin est bien celui du Christ, ils ont évité d'y engager leur autorité. Ils ont laissé la discussion ouverte sur ce point. Aucune règle d'Eglise ne contrai-

1. Cette première visite au Saint-Sépulcre est développée page 195 au chapitre « Résurrection ».

gnant un chrétien catholique si de bonnes raisons le portaient à croire qu'il s'agit d'un faux. Mais à la différence d'autres reliques tel le Suaire de Cadouin, le Linceul de Turin, verrons-nous, rencontre à l'examen plus de preuves que d'objections. Quant au Saint Bandeau, donné par Cadouin en 1461 à l'abbaye d'Aubazines [1 bis], et aujourd'hui disparu, ce que nous en savons, inviterait à y voir la bande prélevée sur le linceul, en bordure, à la hauteur de l'empreinte de la plante du pied gauche.

Fait peu connu et assez rare en pareille matière, l'autorité ecclésiastique a imposé le silence à certains détracteurs de la relique, notamment le chanoine Ulysse Chevalier et les Bollandistes d'Anvers [2].

Mais le Suaire est plus qu'une relique, un témoin silencieux. C'est avant tout sous l'angle archéologique et historique que nous l'étudierons.

Son impact dans le monde scientifique — chrétien aussi bien que rationaliste — n'est-il pas, en définitive, supérieur à la découverte (pourtant capitale) des manuscrits de la Mer Morte ou des rouleaux de Nag Hamadi ?

Suaire ou Linceul ?

Avant tout, il importe de préciser un vocabulaire sujet à confusion : il ne faut pas confondre suaire et linceul. Un suaire (*soudarion),* c'est, à proprement parler, un linge qui couvre ou enveloppe le visage. Le suaire qui enveloppait le visage du Christ a été remarqué, par Jean l'Evangéliste, dans le tombeau au matin de Pâques : c'était une sorte de mentonnière, qu'on attachait pour tenir fermée la bouche des défunts avant la sépulture. Ce qu'on appelle ordinairement en français, selon un langage défectueux, le *Saint Suaire,* ce n'est pas un suaire, c'est un linceul : le drap qui enveloppait le corps de la tête aux pieds, face et dos, comme nous le verrons plus précisément [3].

1 bis. C'est l'Abbé Pierre de Comborn, évêque d'Evreux puis de Saint-Pons (Hérault), qui l'emporta.

2. Arthur LOTH, *La photographie du Saint-Suaire de Turin,* Edition Oudin, Paris 1907, en donne des preuves, page 132.

3. CESLAS LAVERGNE o.p. La Preuve de la Résurrection de Jésus d'après Jean 20,7, Revue « Sindon », n° 5 et 6 d'avril et septembre 1961.

Ce vice invétéré de notre vocabulaire a induit parfois en erreur les exégètes eux-mêmes. Et cela, d'autant plus que le vocabulaire des évangélistes est parfois ambigu et laisse place à certaines hésitations que la confrontation avec le Suaire lui-même aide à lever, expérimentalement, si l'on peut dire.

Exégèse

Précisons donc la traduction des termes grecs de l'Evangile, trahis par certaines traductions [4].

Sindon : Linceul (Mc 15, 46 ; Mt 27, 59 ; Lc 23, 53).

Soudarion : Suaire, c'est-à-dire mentonnière (Jn 11, 44) et (Jn 20, 7).

Keiriai : bandelettes (Jn 11, 44) ; pour l'ensevelissement de Lazare).

Othonia : les linges (Jn 19, 40 et 20, 5-7. Le mot peut être employé au pluriel, notamment pour désigner une grande pièce d'étoffe, ou au singulier.

Keimena : gisant à l'horizontale position du linceul tel que l'a trouvé Jean l'Evangéliste : affaissé.

En Matthieu 26, 12 *Entaphieuein* signifie *préparer l'ensevelissement* et non pas *ensevelir,* qui se dit *Entaphienein.* L'emploi du premier verbe par Matthieu 26, 12 et Jean 19, 41 veut indiquer que l'ensevelissement (hâtif à l'approche du Sabbat) ne fut qu'ébauché. Nous y reviendrons au chapitre de l'ensevelissement [5].

Si l'Evangile de Jean nous parle de bandelettes en ce qui concerne Lazare, il ne parle aucunement de bandelettes pour l'ensevelissement du Christ.

Bref, le linceul fait son entrée dans l'histoire par le récit évangélique :

1° L'Ensevelissement

Mt 27, 59 : « *On l'enveloppa d'un linceul blanc* ».

Mc 15, 46 : « *On l'enveloppa dans le linceul* ».

4. André Feuillet p.s.s., La découverte du tombeau vide en Jn 20, 3 - 10, et la foi au Christ ressuscité, Revue *Esprit et Vie.* N° 18 et 19 des 5 et 12 mai 1977.

5. Antoine LEGRAND, *La Passion selon le Saint-Suaire,* 1938, note p. 50

Lc 23, 53 : « *On l'enveloppa d'un linceul* ».
Jn 19, 40 : « *Ils l'entourèrent de linges* ».

2° la Résurrection

Lc 24, 12 : « *Pierre se penchant voit les linges* » *(othonia) :* mais l'authenticité de ce verset présent dans la Vulgate et dans la très grande majorité des manuscrits est contestée, comme s'inspirant de la tradition johannique.

Jn 20, 5 : « *Jean, se penchant, aperçoit les linges gisants* ».

Jn 20, 6 : « *Simon-Pierre voit les linges gisant là* ».

Histoire

Etonnante est l'insistance de l'Evangile sur le linceul du Christ.

L'étoffe qui avait enveloppé un mort était considérée comme impure par la loi juive, et devait être détruite. Mais, dans le cas présent, il s'agit du Linceul d'un ressuscité. C'est sans doute cela qui incita les disciples à le conserver — avec discrétion, verrons-nous, pour ne pas choquer cette loi d'impureté.

C'est pour la même raison que l'on continua de vénérer le *sépulcre,* qui aurait dû être considéré aussi comme un lieu impur.

Lorsque Titus approcha de Jérusalem, en 70, pour y mettre le siège, les premiers disciples, se souvenant de la prédiction du Maître prirent la fuite. Selon Eusèbe de Césarée, ils se seraient réfugiés dans les grottes de Pella emportant ce qu'ils avaient de plus précieux. Le Linceul en était-il ? Ce qui incite à le penser, c'est que des apocryphes du IIe siècle le mentionnent. C'est le cas de l'Evangile de Pierre et de l'Evangile aux Hébreux, écrit non canonique de la fin du premier siècle, le Seigneur aurait donné son Linceul *(Sindonem,* dans la citation de saint Jérôme) au serviteur du Grand-Prêtre, avant d'apparaître à Jacques. L'Evangile de Gamaliel (IVe siècle), retrouvé en 1956 par le Père Van den Oudenrijn, dominicain, cite *vingt-neuf fois* le Linceul. Tout le récit de la Résurrection s'articule sur ce linge-témoin.

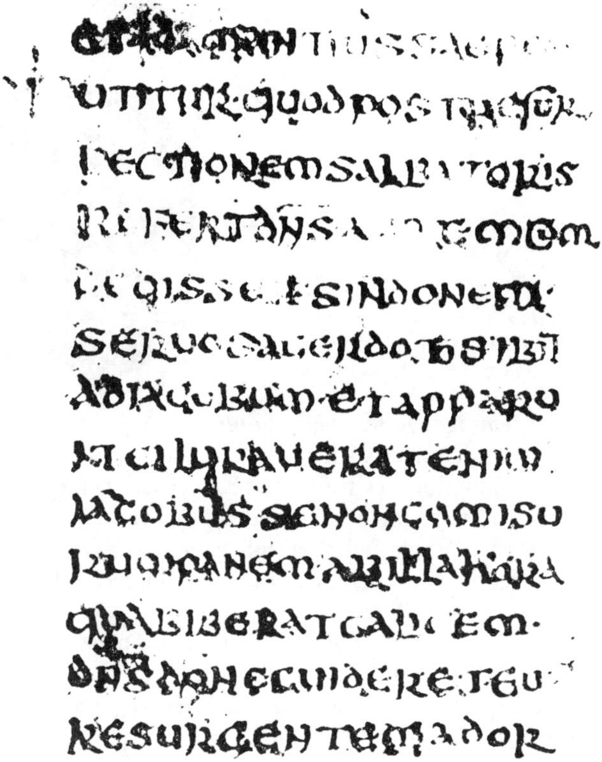
[illegible] SAEPE
UTITUR QUOD POST RESUR-
RECTIONEM SALVATORIS
REFERT DNS AUTEM CUM
DEDISSET SINDONEM
SERUO SACERDOTIS IUIT
AD IACOBUM ET APPARU-
IT EI IURAUERAT ENIM
IACOBUS SE NON COMESU-
RUM PANEM AB ILLA HORA
QUA BIBERAT CALICEM
DNS DONEC UIDERET EU-
RESURGENTEM A DOR-
MIENTIBUS RURSUSQ
POST PAULULUM ADFER-
TE AIT DNS MENSAM ET
PANEM STATIMQUE
ADDITUR TULIT PANEM
ET BENEDIXIT AC FRE-
GIT ET DEDIT IACOBO

Evangile aux Hébreux, composé au IIe siècle, manuscrit de la Bibliothèque Vaticane.

Sou d'or de Justinien II (685-695)
(mèche sur le front et barbe bifide),
(Guy Lacam, Pl. LXXIX).

Le témoignage iconographique

Durant les siècles suivants, le silence se fait. Ni texte, ni reproduction des traits de Jésus crucifié. La Croix et son supplice restaient un scandale. On figurait seulement Jésus par des symboles : Orphée, ou le Pasteur portant une brebis : il est représenté jeune et imberbe. La croix, ornée d'un cercle de lauriers évoque sa victoire sur la mort, mais jamais le Sauveur du monde n'est représenté nu sur la croix, une longue tunique le revêtira. Les artistes des premiers siècles n'ont jamais songé à faire une reconstitution archéologique de la Passion.

Le silence des textes sur le Linceul est levé par l'iconographie à partir du IVe siècle. A la figuration occidentale du Christ imberbe, qui se perpétuait depuis l'époque des catacombes, se substitue celle du Christ barbu. Déjà une peinture du IIe siècle de l'hypogée des Auréliens représente un Christ enseignant également barbu, tout comme celui du IVe siècle à la catacombe de St Pontien. Le Professeur Egger de l'Université de Vienne, a attiré l'attention sur un sarcophage du IVe siècle à Saint Ambroise de Milan où le Christ porte également une barbe.

Numismatique

Les pièces de monnaies des empereurs devenus chrétiens sont frappées d'une effigie au nimbe crucifère qui, de l'avis des numismates qualifiés, dérivaient de l'empreinte du linceul et non de l'image d'Edesse connue seulement après 944 [5 bis].

5 bis. Pour percevoir l'importance sindonologique de ces pièces, il est indispensable de consulter le remarquable volume « Civilisation et monnaies byzantines » édité par Guy Lacam, 60, rue de Lisbonne, Paris 8e.

1

2

3

4

5

6

1. Fresque de Faras, VIe siècle
2. Email du XIe siècle
3. Email du Xe-XIe siècle
4. Mosaïque de Daphni XIIe siècle
5. Fresque de Civate (Lombardie) XIIe siècle
6. Fresque de Tahul (Catalogne) XIIe siècle

Mèches ou sang

Paul Vignon [6] s'est étendu sur cette influence iconographique dont on trouvera ci-contre des exemples significatifs.

Sur les fresques, les émaux et les mosaïques byzantines où les cheveux de Jésus sont soigneusement partagés de part et d'autre du visage, une virgule de cheveux vient barrer son front [7]. Le linceul peut seul expliquer ce détail plastiquement étrange, une multitude d'artistes divers l'ont recopié par tradition, souvent en ignorant l'origine.

On me permettra une comparaison. De même que Bernadette après l'apparition du 25 mars 58 redisait sans comprendre « Immaculada Councepciou » sans se douter de l'importance du message qu'elle transmettait, de même les artistes, sans en connaître la raison ont répété au cours des siècles — mais en la déformant — la virgule sanglante qui serpente au milieu du front de Jésus selon l'empreinte du Linceul.

La coulée sanglante est devenue une mèche de cheveux sans cesse recopiée depuis le IVe siècle mais qui au XIIe siècle, dans l'art catalan primitif à Tahul et à Civate en Lombardie, conservera inexplicablement à la fois par le dessin la forme des cheveux et par la couleur celle du sang. Pourquoi ces mèches déjà visibles au VIe siècle sur la fresque découverte à Faras en Egypte et reproduites

6. Paul VIGNON, *Le Saint Suaire de Turin*, Masson éd., Première édition 1938.

7. Cette marque d'abord particulière au Christ sera plus tardivement étendue à ceux qui furent considérés comme marqués de son sceau.

constamment dans tout l'art Byzantin et se perpétuant dans les icônes ?

Pourquoi sont-elles parfois rouges ? A ces questions une seule réponse peut être proposée : comme une phrase répétée de bouche à oreille un grand nombre de fois et de ce fait déformée après un grand nombre de transmissions, de même l'on reconnaît l'original de ces reproductions artistiques dans la coulée sanglante provoquée au haut du front du Christ par la blessure d'une épine et visible sur le Suaire — voir illustration pages 124 - 125.

Le Linceul n'a pas fini d'inspirer les artistes. En Occident ce ne sont pas les épitaphios qui seront à l'origine des mises au tombeau si nombreuses. Elles auront pour origine les « Christ de Pitié » qu'il ne faut pas confondre comme l'on le fait si souvent avec les « Ecce homo ». A l'inverse de ces derniers sur les « Christ de Pitié » les plaies du côté et des mains sont figurés. Jusqu'au XIVe siècle environ, les mains sont croisées au devant du corps comme sur le Linceul. Ce n'est que plus tard que les bras s'ouvriront, que la Vierge et Saint Jean ou des anges les soutiendront.

Le Christ des « Messes de Saint Grégoire » dérive du premier type. Les « Piéta » seront une évolution du second.

Pour faire comprendre que le corps qui semble debout sur l'empreinte avait été allongé au sépulcre, les artistes médiévaux le figurait émergeant d'un tombeau.

Linges liturgiques

En recopiant sur les épitaphios les chevrons de l'étoffe du Linceul qui ne peuvent être perçus que de très près, l'art Byzantin réserve encore une autre surprise d'importance : certainement avant 1204 — date à laquelle le Linceul a quitté Constantinople — des artistes et brodeurs [8] admis à l'approcher avaient été frappés par la particularité du tissage de l'étoffe qu'ils jugèrent bon de reproduire fidèlement. Le tissu conservé actuellement à Turin est donc le même que celui qui fut vénéré à Byzance.

Les épitaphios sont des linges vénérés dans les liturgies orientales ; ils représentent le Christ sur son Linceul les mains jointes au devant du corps. Ils sont généralement brodés. Le Dr Sotiriou conservateur du Musée Byzantin d'Athènes, qui estimait cette pièce comme la plus belle de son musée, m'avait adressé le cliché reproduit ici.

L'Eglise latine consacre la journée du Vendredi Saint à la vénération de la Croix. Il n'en va pas de même pour les églises orientales qui en cette même journée réservent leur culte à la déploration du Christ sur son Linceul sous le nom d'épitaphion chez les grecs, et de plachtenitsa chez les slaves. Cela est très connu, mais sait-on que les prescriptions liturgiques demandent depuis le Pape Saint Sylvestre 1er (314-335) que les nappes d'autel ne soient pas des toiles peintes ou confectionnées en soie mais en lin, afin d'évoquer la matière du Linceul que ces nappes représentent et symbolisent.

8. Voir Gabriel MILLET, Broderies religieuses de style byzantin, Paris, 1947.

Epitaphios de Salonique. Musée byzantin d'Athènes.
(à gauche)

Tissage de Linceul
(ci-contre)

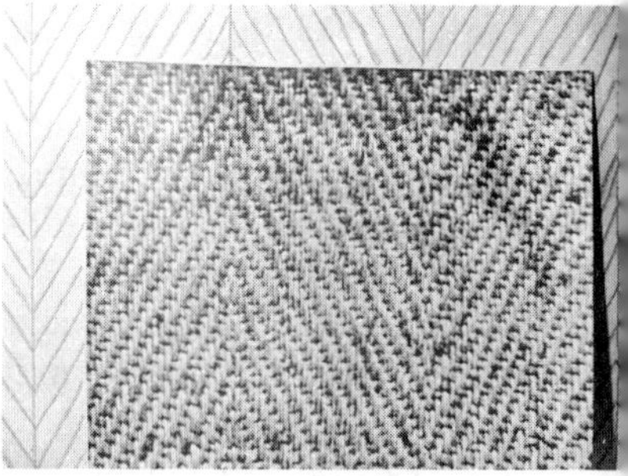

Textes anciens

Il serait faux de penser que l'iconographie peut seule attester la connaissance que les anciens avaient du « Sindon ».

Depuis que Mgr Savio [9] des Archives secrètes du Vatican a recensé et publié plus de soixante-quinze textes citant un Suaire, échelonnés entre le IIe siècle et 1204, on ne peut plus objecter le silence de l'Histoire à l'authenticité du Linceul. Y a-t-il beaucoup de documents vieux de vingt siècles ayant autant de références historiques au cours du 1er millénaire ? Contentons-nous de citer les plus célèbres textes relatifs au Linceul. Vers 340 Saint Cyrille de Jérusalem mentionne « le linceul témoin de la Résurrection ».

Saint Braulion, évêque de Saragosse de 631 à 646 dans une lettre à l'Abbé Tayon parle comme d'une chose très connue du Suaire « dont le corps du Seigneur fut enveloppé. L'Ecriture, ajoute-t-il ne dit pas qu'on l'a conservé, mais on ne peut appeler superstitieux ceux qui croient à l'authenticité de ce Suaire ».

Le « Soudarion » lui, est resté à Jérusalem car vers 640 Arculphe, un pélerin voit et baise « le Suaire du Seigneur qui dans le sépulcre avait été placé sur sa tête ». Braulion estime la longueur à huit pieds de long. Ce chiffre semble exagéré : six pieds auraient suffi pour constituer une mentonnière placée d'abord sur la tête, croisée

9. Mgr Pietro SAVIO, *Ricerche storiche sulla Santa Sindone,* Torino 1957, et revue *Sindon* n° 3, août 1960 pages 16 à 31.

sous le menton et enfin nouée au-dessus du crâne comme cela a été décrit.

Saint Jean Damascène, mort au milieu du VIIIe siècle signale parmi les reliques vénérées le « Sindon ». Un texte de la liturgie Mozarabe de la fin du VIIe siècle, dont l'existence fut révélée à P. Vignon par l'Abbé Henri Martin indique : « Pierre courant au sépulcre avec Jean, vit les traces récemment mises sur les linges du Mort qui avait ressuscité ».

Un texte de 769 attribué au Pape Etienne III ne pourrait s'appliquer qu'à notre Linceul : « Il étendit son corps de tout son long sur une toile immaculée comme la neige de telle façon que le tissu en fut divinement empreint par l'image glorieuse du Seigneur, visage et restant de sa personne, afin que tous ceux qui n'eussent point l'occasion de contempler le Sauveur dans son intégrité et réalité corporelle puissent être suffisamment contents de le voir dans la reproduction offerte par la toile ».

Que l'on ait confondu l'image du Linceul avec celle du légendaire voile d'Abgar est évident comme en fait foi ce texte d'un manuscrit du XIe siècle retrouvé au Vatican par Mgr Savio : « Si vraiment vous désirez voir mon visage tel qu'il est physiquement je vous envoie une pièce de tissu à propos de laquelle sachez que l'image non seulement de ma face, mais de tout mon corps a été divinement transformée ». Il s'agit donc bien de tout le corps et pas seulement du visage, la référence au Linceul est évidente.

Jérusalem — Edesse ? — Constantinople

Nous avons quitté le Linceul vers l'an 70. Vint-il ensuite directement à Byzance où d'après Nicéphore Calliste il était « depuis le temps de l'impératrice Pulchérie » qui fit bâtir en 436 à Constantinople la basilique Sainte Marie des Blachernes et y déposa des linges sépulcraux divers. C'est là qu'en 1203 Robert de Clary contemplera le Linceul (nous lirons plus loin son témoignage).

« La Véronique » par Frère Hallebaye 1704 (coll. A. Legrand)

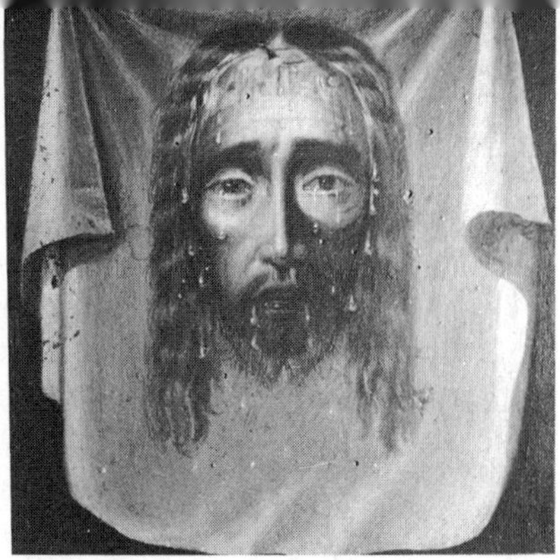

Ian Wilson suppose que ce serait le Linceul qui aurait été conservé à Edesse sous l'appellation de mandylion. Afin de ne pas montrer qu'il s'agissait d'un linge sépulcral, il aurait été replié en plusieurs épaisseurs, ne laissant visible que la bande d'étoffe qui avait conservé l'empreinte de la Face connue d'abord sous le nom de voile d'Abgar et plus tard de voile de la Véronique (en grec veraeikôn, la vraie image)[10].

Le Mandylion ainsi replié serait arrivé à Constantinople le 15 août 944 et y aurait été déplié par la suite. Mais cette étoffe ne serait-elle pas simplement la « toaille » qui, avec sa « tuile » sur laquelle la Face de Jésus se serait reproduite était au Bucholéon au dire de Robert de Clary alors qu'il déclare le Linceul aux Blachernes à l'autre bout de la ville. Un texte du XIIe siècle de Gervase de Tilbary (l'écho de celui du XIe siècle retrouvé au Vatican) cité par Ian Wilson ne peut s'appliquer qu'au Linceul :

« Car des archives qui font autorité depuis les temps anciens nous ont transmis que le Seigneur s'était couché tout de son long... »

Vers 1080 Alexis 1er Comnène, dans une demande de secours évoque la présence dans sa ville « des linges retrouvés dans la tombe après la Résurrection ».

En 1147 le roi de France Louis VII venu à Constantinople vénère le Linceul au palais des Blachernes.

L'attribution d'un texte de 1157 à un moine islandais reste à prouver.

10. Dans une lettre adressée par Mgr Ricci à M. P. Bardet, celui-ci affirme que la « Véronique » avait été volée lors du sac de Rome en 1527 (clefs de la recherche fondamentale page 228).

En 1171 Manuel 1er Comnène fait pénétrer Amaury 1er roi de Jérusalem dans la « chambre impériale », Guillaume de Tyr écrit : « Il n'y eut ni trésor ni dépôt caché dans les arcanes de la chambre sacrée, depuis les temps des bienheureux empereurs Constantin, Théodose et Justinien qu'il ne montra très familièrement ». Amaury y vit : « ...le sydoine où le Seigneur fut enveloppé ».

En 1201 Nicolas Mésaritis, conservateur des reliques mentionne « le sindon funéraire du Christ : celui-ci est en lin défiant la décomposition parce qu'il a enveloppé le corps nu du mort ineffable après la Passion ».

Le témoignage le plus explicite concernant la présence à Constantinople du « sydoine » est incontestablement le document dont la Bibliothèque royale de Copenhague possède l'original. Ce récit rédigé par un chevalier picard conserve la saveur de son accent wallon. Ce chevalier, Robert de Clary, avant la prise de Constantinople par les Croisés le 13 avril 1204 écrit : « Et parmi ces autres, il y eut un monastère, qu'on appelait Madame Sainte Marie des Blachernes [11] où était le linceul où Notre-Seigneur fut enveloppé lequel chaque vendredi se dressait tout droit, si bien qu'on pouvait voir la figure de Notre-Seigneur, et ne sut jamais ni Grec ni Français ce que ce linceul devint quand la ville eut été prise ».

Robert de Clari a vu incontestablement le Linceul de Turin qui avait inspiré les artistes Byzantins pour la confection des épitaphios et des Saintes Faces.

Venue en France

Qu'est devenu le Linceul après cette date de 1204 ? La première hypothèse émise par Ian Wilson est que les Templiers qui auraient été possesseurs du Linceul l'auraient ensuite remis à Geoffroi 1er de Charny. Outre que les Templiers semblent n'avoir pris aucune part à la prise de Constantinople où ils auraient recueilli la relique, rien ne prouve qu'il y eut un lien de parenté entre

11. Les Blachernes étaient situées au fond de la Corne d'Or, contre l'enceinte de la ville. Le prototype des Vierges miraculeuses dites « du Signe » est l'antique icône qui y était vénérée. De N.-D. des Blachernes dérivent toutes les icônes de la Mère de Dieu.

Manuscrit de Robert de Clary, N° 487 de la Biblio royale de Copenhague

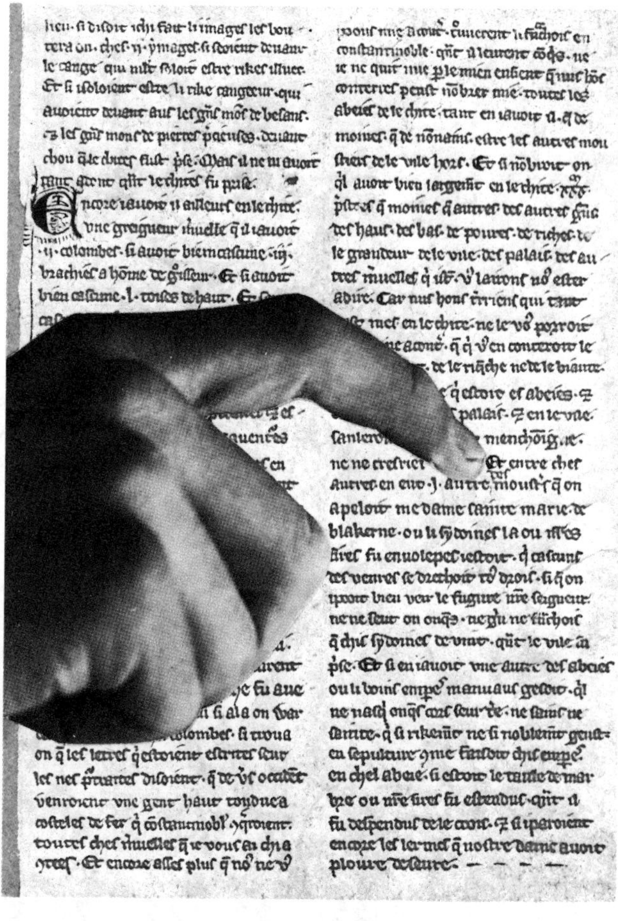

Geoffroi 1er de Charny dont la famille est originaire de Champagne, tandis que celle du Templier Geoffroi de Charnay l'est d'Anjou. Il semble bien qu'ils n'aient eu de commun que leur prénom.

Enfin au cours du procès des Templiers aux 46e et 58e questions relatives à la « tête », il n'est jamais dit que celle-ci était sur une surface plane ce qui aurait eu lieu s'il s'était agi du Linceul. Au contraire, plusieurs Templiers : Hugues de Paraud, Guillaume de Herblay, Jean

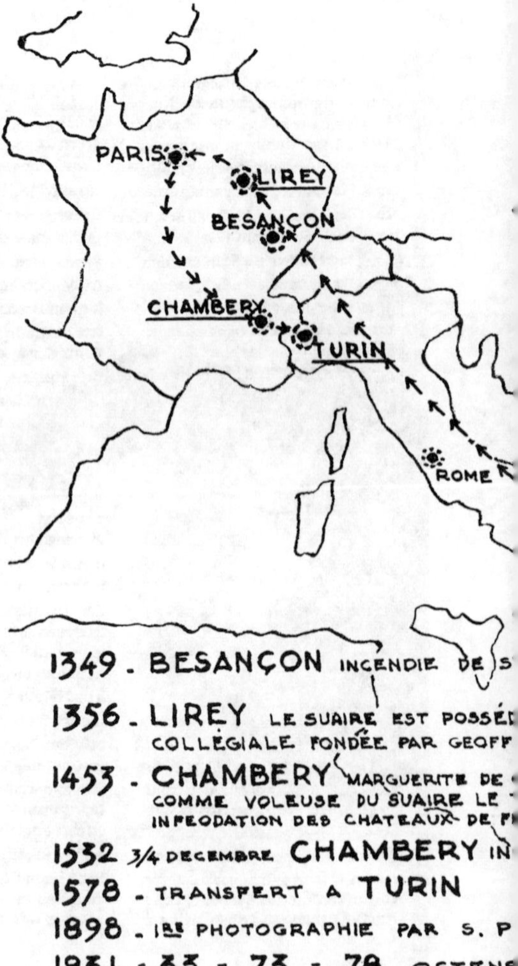

Taillefer de Gène, Jean l'Anglais de Hinquenete, Hugues de Bure, Hugues de Besançon, Raoul de Gisy, Antoine Sici de Verceil, ont affirmé que cette tête barbue avait le volume d'une tête humaine et que des cordons dont ils se ceignaient ensuite étaient enroulés autour d'elle ce qui de toute évidence implique que cette tête ne pouvait être celle visible sur le Linceul puisqu'elle était en ronde-bosse. C'était selon toute vraisemblance un buste

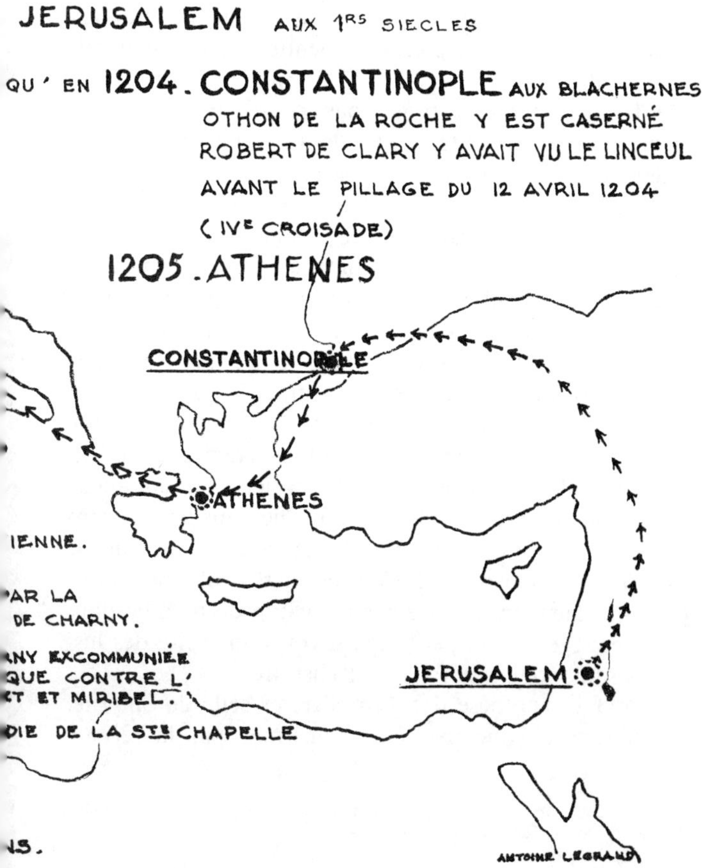

Sceau d'Othon de la Roche, duc d'Athènes (Archives de Vesoul)

reliquaire [11 bis]. Une autre hypothèse jadis avancée par Mgr Ricci pour expliquer la présence du Linceul dans la collégiale fondée par de Charny n'a plus guère de défenseurs sérieux car les pièces authentiques prouvent que lors de la première bataille de Smyrne, le 24 juin 1346, Geoffroy 1er de Chany n'était pas encore chevalier. Comment n'ayant pas cette qualité, les chevaliers qui participaient à cette croisade auraient-ils accepté d'être commandés par un homme qui n'était pas leur pair ? Il ne le fut que le 2 août devant le siège d'Aiguillon. Enfin étant donné qu'à cette époque les moyens de transport entre Smyrne et Aiguillon n'avaient pas encore acquis la vitesse des transports aériens, aurait-il pu accomplir un tel voyage à des dates aussi rapprochées que celles que nous venons de mentionner ? Enfin, le 24 juin ce ne fut pas la ville de Smyrne qui fut prise (où à la rigueur l'on pourrait supposer que les chrétiens cachaient le Linceul). Cette bataille contre les Infidèles eut lieu (tout comme la deuxième bataille) en pleine campagne dans les environs de la ville. Il faudrait supposer que les chrétiens pour le mettre à l'abri aient confié le Linceul aux Infidèles et que ceux-ci l'aient transporté sur le champ de bataille dans leurs bagages. L'on peut bien savoir construire des histoires sans pour cela faire de l'Histoire.

Après l'hypothèse des Templiers et celle de Smyrne, examinons en une troisième confirmée par la récente

11 bis. Voir le Procès des Templiers traduit par Raymond Oursel club du Meilleur livre. Dossiers de l'Histoire 1955.

découverte d'une lettre de Théodore Ange à Innocent III datée 1205 prouvant qu'Othon de la Roche [12], qui au dire de la Villehardouin était, avec le corps des Bourguignons, caserné aux Blachernes en avril 1204 avait transporté le Linceul à Athènes comme la croix byzantine en or, encore conservées au château de Ray (Haute-Saône) par ses descendants. Ceux-ci possèdent également un coffret de bois qu'une tradition familiale affirme avoir servi à rapporter le Linceul en France. Ce coffret, s'il est authentique, aurait été sculpté postérieurement. Ce qui est troublant ce sont les dimensions intérieures inusitées de ce coffret que le comte de Salverte a bien voulu me communiquer : 37,5 cm sur 16,5 cm. Elles correspondent à celles du Linceul replié une fois de plus qu'il ne l'était (48 épaisseurs) lors de l'incendie de 1532. Une inscription ancienne au château de Rigney feudataire des de la Roche conforterait-elle la tradition de l'église de Besançon affirmant qu'Othon de la Roche ayant envoyé vers 1208 le Linceul à son père Ponce de la Roche, qui l'aurait confié à l'archevêque Amédée de Tramelay. Le Linceul serait disparu lors de l'incendie de la cathédrale Saint-Etienne en 1349. Un Vergy apparenté aux la Roche est soupçonné d'y avoir « récupéré » le Linceul. L'histoire est plus simple : c'est sans doute Henri de Vergy, sénéchal de Bourgogne, qui avait épousé Elisabeth de Ray, petite fille d'Othon de la Roche, qui donna à Besançon une peinture ne reproduisant que la moitié du Linceul, copie vénérée que la Révolution détruira.

La relique que le grand-père d'Elisabeth de Ray avait rapportée des Blachernes dut rester dans sa descendance jusqu'à ce qu'elle fût donnée.

Avant l'ostension de 1931, j'avais remarqué sur une copie de 1516, reproduite pages 42 et 43, quatre groupes de brûlures, antérieurs à l'incendie de 1532 dont nous par-

12. Othon de la Roche était l'un des quatre principaux chefs de la Croisade, tandis que Beaudouin de Flandre deviendra empereur de Constantinople, il sera fait Duc de Thèbes et d'Athènes. Il régnera sur une partie de la Grèce et l'Acropole sera transformé en château fort. A l'avant les Prophylées, une tour construite par lui « la tour franque » ne sera détruite qu'en 1879.

lerons plus loin, mais je ne pense pas qu'il faille les attribuer à l'incendie de Besançon mais plutôt à l'encens des Byzantins.

Pour justifier l'idée que le Linceul n'avait pas quitté l'Orient après la prise de Constantinople en 1204 l'on argue du fait que Saint Louis en reçut un fragment en 1247, don de Baudouin II. Rien n'empêche que le très petit fragment reçu par Saint Louis (d'après les dimensions de son reliquaire à la Sainte Chapelle) soit ou une parcelle déjà prélevée sur le Linceul (il y a au moins deux morceaux manquants), soit un petit morceau du suaire vu jadis par Arculphe. Saint Louis fit don de deux parcelles, à Vezelay et à Tolède ; la première est disparue, la seconde malgré des demandes reitérées est restée introuvable à la cathédrale (elle doit avoir la dimension d'un ongle). Seule la lettre d'envoi rédigée par Saint Louis a été communiquée. Il semble que la texture de la relique de Tolède n'était pas identique à celle de la relique de Turin et de ce fait le fragment de Suaire reçu par Saint Louis n'aurait pas été prélevé sur le Linceul qui nous occupe.

Geoffroi 1er de Charny

Ce fut une personnalité hors pair à qui la plupart des auteurs attribuent le don du Linceul à la collégiale de Lirey fondée par lui. Ils se basent sur les dires intéressés de sa petite-fille. Mais aucun des nombreux actes rédigés de son vivant et que nous possédons encore [13] (je les ai consultés) ne mentionne le Suaire de N.S. et ne permettent d'affirmer qu'il l'ait possédé.

Un an après sa mort, une lettre d'indulgence datée de 1357 et signée de douze évêques énumère les reliques déposées dans la collégiale de Lirey [14]. Il n'y est pas fait mention du Suaire qui donc n'avait été ni possédé ni donné par Geoffroi 1er. De plus son « obit » [15] est muet

13. Archives de l'Aube et manuscrits de la Bibliothèque Nationale.

14. ARNAUD, *Voyage archéologique dans l'Aube*, (Troyes 1836).

15. Document énumérant la liste des bienfaits du défunt.

sur cette relique. Sans avoir été un personnage aussi considérable qu'Othon de la Roche, Geoffroi 1er de Charny n'en demeure pas moins un homme de premier plan.

Son père était Jean de Charny et sa mère Marguerite de Joinville, fille du chroniqueur et ami de Saint Louis. Né vers 1305, il fut armé chevalier le 2 août 1346 pendant le siège devant Aiguillon où il se distingua. Prisonnier des Anglais, il avait fait vœu de fonder une collégiale.

Philippe VI en juin 1343 approuve cette fondation à Lirey, elle se réalise dix ans plus tard.

Chevalier de l'Etoile, le 6 janvier 1352, lors de la première promotion, Philippe VI le choisit en juin 1355 comme porte-étendard. C'est en portant la bannière de France qu'il fut tué à Maupertuis près de Poitiers le 19 septembre 1356 couvrant de son corps son souverain Jean le Bon, ce qui lui valut d'être inhumé aux Célestins à Paris en 1370, aux frais de Charles V, le fils de celui dont il avait sauvé la vie.

Etant veuf, il avait épousé en 1340 Jeanne de Vergy qui lui apporta en dot Montfort, Savoisy et Lirey, dont elle était la dame. Les chapelains de ce dernier lieu reçurent d'elle, après la mort de son époux, le Linceul.

Par son aïeule Elisabeth, épouse d'Henri de Vergy, elle descendait directement d'Othon de la Roche qui possédait la relique depuis 1204.

Les pèlerins de Lirey

Les pèlerins affluent car Lirey est très près de Troyes où se tient l'une des foires les plus fréquentées du Moyen Age ; l'on y vient d'Allemagne et de Russie.

Un petit plomb de pèlerinage retrouvé dans la Seine au Pont au Change et exposé au Musée de Cluny représente le Linceul tenu par deux prêtres en chape. Au-dessous de chaque côté d'un petit tombeau surmonté d'une croix couronnée (symbole de la Résurrection) se trouvent à gauche le blason de Charny dont Jeanne de Vergy était la veuve et à droite son blason propre celui des Vergy [16].

16. Charny : de gueules à trois écussons d'argent. Vergy : de gueules à trois quintefeuilles d'or à la bordure d'argent.

Ces blasons sont antérieurs à 1360. L'auteur de ce plomb avait eu son attention attirée par la nature de l'étoffe vénérée. Tout comme les brodeurs byzantins avant 1204, il en a schématisé les chevrons, lesquels ne sont discernables que si l'on est situé à moins d'un mètre de la relique ; il l'avait donc vu de près.

Observateur fidèle, l'artiste a également indiqué à leur place des marques qui se sont avérées par la suite être celles de brûlures qui sont donc antérieures à la venue du Linceul à Lirey.

Les foules considérables affluent pour vénérer le Linceul du Seigneur. Elles laisseront des dons importants. L'Évêque Pierre d'Arcis s'émeut ; le peuple délaissait les reliques de sa cathédrale. Il s'adresse à Clément VII accusant les chanoines de simonie. Son prédécesseur Henri de Poitiers n'a-t-il pas appris qu'un artiste (sans doute celui de la copie de Besançon) avait exécuté une peinture représentant l'empreinte du Christ sur son Linceul ? Les évangiles ne parlant pas de celles-ci argue-t-il, il ne peut s'agir à ses yeux que d'une fausse relique. Il faut supprimer les ostensions. Après les interventions de l'Évêque, des Charny, du roi de France, le (pseudo) pape, Clément VII d'Avignon par une Bulle du 6 janvier 1390 décide le maintien des ostensions. Il aurait demandé aux chanoines de proclamer qu'il ne s'agit pas du « Suaire de Notre-Seigneur » mais d'une peinture. Cinq mois après, sur l'original conservé aux Archives Vaticanes (Reg. Avign. N° 261) les mots « pictura seu tabula » ont été suppri-

Plomb de pèlerinage à Lirey (Musée de Cluny) antérieur à 1383 - copiant la trame du tissu, les marques du premier incendie et reproduisant les blasons de Charny et Vergy

més pour de sérieux motifs. Enfin le 1er juin 1390, une nouvelle Bulle concède des indulgences à tous les visiteurs de l'église de Lirey qui vénéreront le Linceul portant l'empreinte du corps du Christ (« venerabiliter ») [16 bis].

2e départ de Lirey

La guerre de Cent ans ravage le pays, les pèlerins se font plus rares, et la relique n'est plus en sûreté. Les Chanoines la confient à Humbert de Villersexel, comte de la Roche, seigneur de Saint-Hippolyte, moyennant reçu signé par lui le 6 juillet 1418, dont la teneur est fort claire. Humbert venait l'année même d'épouser la petite-fille du fondateur de la collégiale de Lirey : Marguerite de Charny. A partir de 1418, la relique restera au château de Montfort en Auxois, puis jusqu'en 1449, dans la chapelle des Buessards à Saint Hippolyte-sur-le-Doubs. Chaque année, elle est exposée à l'extérieur en un lieu qui a conservé le nom de « Pré du Seigneur ».

Le calme revenant, les chanoines réclament leur trésor mais Humbert de la Roche est mort en 1438 et sa veuve Marguerite de Charny refuse de le restituer, arguant

16 bis. Geffroi II de Charny venait de rendre la relique, que sa mère avait abritée hors du diocèse de Troyes après 1360 pour la soustraire à l'autorité de l'évêque, très probablement en son château de Montfort en Auxois.

qu'elle en est la vraie propriétaire. Elle ne parle pas de sa grand-mère Jeanne de Vergy mais, sans preuve, affirme que son grand-père Geoffroi Ier de Charny a acquis le Linceul à la guerre (elle ne dit pas laquelle).

Le reçu signé par son époux est pour elle un chiffon de papier. Elle a décidé de s'emparer du Suaire. De nombreux procès s'engagent, elle promet à chaque fois de restituer un peu plus tard et de dédommager du retard mais n'en fait rien.

Le seul témoignage disant que Geoffroi Ier de Charny avait déposé à Lirey le Suaire qu'il avait acquis à la guerre est celui de sa petite-fille, cette Marguerite de Charny. Affirmation intéressée d'une voleuse et recéleuse de la relique cherchant par tous les moyens de ne pas la restituer aux chanoines, ses légitimes propriétaires. La recéleuse fut excommuniée puis condamnée avec aggravation d'excommunication et finalement excommuniée par-delà la mort. C'est uniquement sur les dires de cette femme que la plupart des auteurs attribuent à Geoffroi Ier le don du Linceul à la collégiale qu'il avait fondée à Lirey.

Pérégrinations

A Saint Hippolyte-sur-le-Doubs un champ garde encore le souvenir de la décision de Marguerite de Charny de s'emparer du Linceul, il a nom de « Champ Mauconseil ». Marguerite de Charny sans doute à court d'argent, se promène avec le Linceul qu'elle exhibe

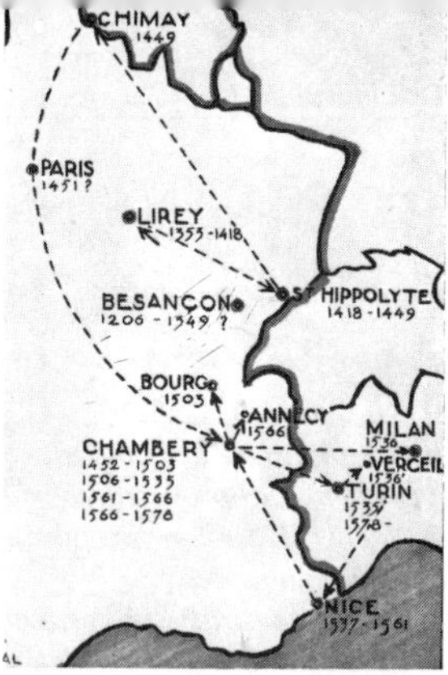

moyennant finances. A Chimay en Belgique, en 1449 elle a des ennuis avec l'autorité religieuse à qui elle ne peut montrer aucun papier attestant l'authenticité. Noguier de Malijay dit qu'au cours de ses pérégrinations, la voleuse l'a déposé dans une chapelle située derrière l'Hôtel-de-Ville de Paris et détruite à la Révolution. Malheureusement il ne cite pas sa source. Les recherches ont conduit à la conclusion qu'aucune chapelle n'avait été détruite en ce lieu, mais les Charny possédaient à l'angle de la rue des Barres et de l'ancienne rue de la Mortellerie un important hôtel particulier [17] et dont la limite sur les vieux terriers correspond exactement au n° 56 de la rue de l'Hôtel-de-Ville. Au fond de la cour, sous l'atelier d'un serrurier j'ai pu pénétrer dans une cave recensée comme étant une ancienne chapelle [18]. Là deux clefs de voûte, l'une formée d'un rosace à cinq lobes, l'autre d'un écu [19].

Lors d'un séjour à Paris vers 1450 Marguerite a-t-elle entreposé son larcin ici ?

Le 13 septembre 1452 elle est à Germolles (près de Mâcon) [20] puis se rend en Savoie où elle cède le Linceul à Louis Ier duc de Savoie et époux d'Anne de Luisignan probablement le 22 mars 1453 à Genève. En échange, elle

17. Connu ensuite sous le nom d'Hôtel du Sénéchal.

18. Cette cave a été inscrite à l'Inventaire des monuments historiques le 17 juin 1925.

19. Cette rosace héraldique évoque le quintefeuille des Vergy et l'écu, celui des Charny.

20. D'après le Missel des Oratoriens de Châlons-sur-Saône, (Bibliothèque de Carpentras N° 91).

Lettre de Louis Ier demandant aux chanoines propriétaires de lui laisser le Sindon (proposant aux chanoines des dédommagements s'ils cessaient de revendiquer leur propriété)

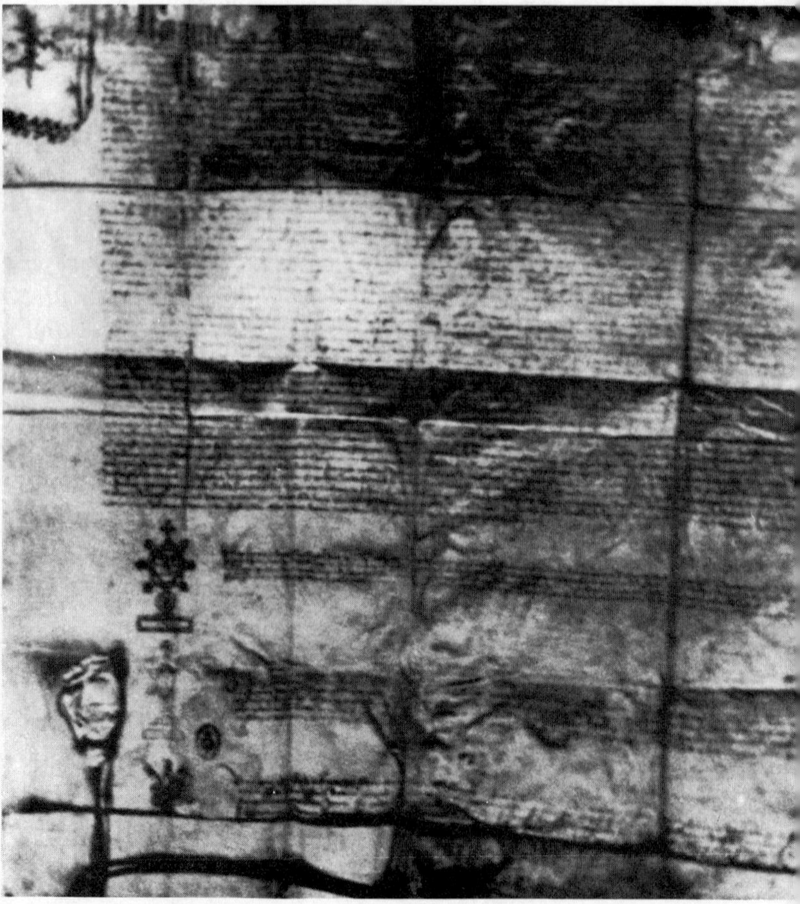

Sainte-Chapelle de Chambéry (lithographie du XIXe siècle) ⟶ Copie conservée à Saint-Gommaire à Lierre en Belgique (page suivante)

ne reçoit d'abord que l'inféodation du château de Monthuel puis du château de Flumet le 11 avril 1455. Elle mourut toujours excommuniée le 7 octobre 1460.

A Chambéry

En 1453 le Linceul est d'abord déposé dans l'église des Franciscains : l'actuelle cathédrale de Chambéry. Les Chanoines de Lirey réclament leur bien, le duc Louis Ier qui n'ignore pas que le trésor qu'il détient a été volé et ne voudrait pas être un recéleur écrit aux « bien-aimés chanoines » le 6 février 1464 une lettre charmante [21] leur demandant moyennant finances de faire lever l'excommunication frappant Marguerite de Charny et « ses pleiges » et d'abandonner leurs droits en sa faveur.

Les chanoines de Lirey s'adressent vainement à Louis XI. Ils ne furent jamais dédommagés d'un abandon de leurs droits. Mais l'eussent-ils été que cette transaction aurait été nulle car aucune relique majeure (ce qui est le cas) ne peut changer de propriétaire sans l'autorisation du Saint-Siège et celle-ci ne fut jamais accordée, n'ayant jamais été sollicitée. Le Prof. Gabriel Le Bras consulté a affirmé que le droit international, en accord et

20 bis. Arch. de la Côte d'Or B 8621.

21. Cette lettre conservée aux Archives d'Etat à Turin y fut exposée lors de l'ostension de 1931 et sa photo (reproduite ici) fut publiée dans « L'Ostensione della S. Sindone nel 1931 », typographie royale (1.000 exemplaires hors commerce).

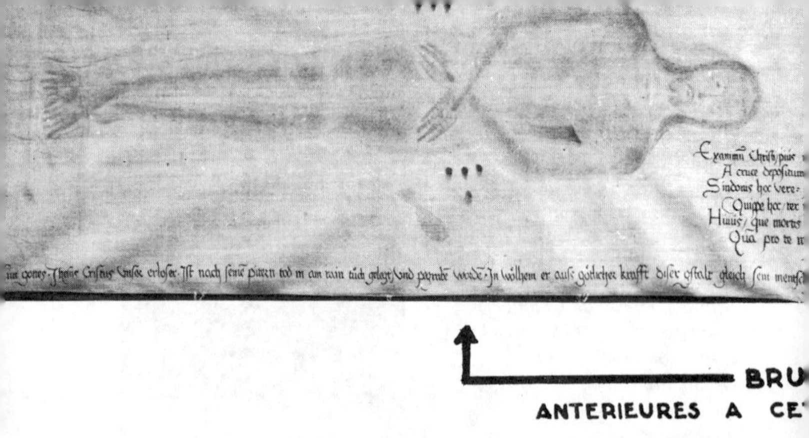

confirmant le droit canon de l'Église, ne connaissait pas de prescription en pareille matière [22].

Maintenant, les pérégrinations du Linceul seront restreintes, l'ère des pèlerinages vers lui va reprendre en s'amplifiant.

En 1471, Sixte IV reconnaît l'authenticité du Linceul.

En 1502, sous Philibert le Beau, la relique est transférée dans la chapelle que le Bx Amédée IX et Yolande de France avaient agrandie et à laquelle Jules II en 1506 confère le titre de Sainte-Chapelle. Il approuva messe et office du Saint-Suaire et institua une fête annuelle le 4 mai.

Un splendide reliquaire d'argent est commandé à Liévin Van Lathem par Marguerite d'Autriche, la veuve du Duc de Savoie qui sera tutrice de Charles-Quint. Elle commande également à Bernard Van Orley plusieurs copies au tiers du précieux drap. L'une d'elles, sans doute celle qu'elle destinait à son père l'empereur Maximilien fut léguée par son exécuteur testamentaire à l'Église Saint-Gommaire à Lierre en Belgique.

Attribuée par erreur à Albert Dürer, il n'est pas nécessaire d'être grand expert pour constater que cette œuvre ne relève en rien de son style et que l'inscription qui y figure n'est pas de sa main. La copie de Van Orley datée de 1516 a le grand avantage de montrer un groupe de

22. Le Pape Paul VI s'est conformé à cette règle en faisant restituer aux Grecs le Chef de Saint-André au Vatican depuis 1462, et en janvier 1980 le Cardinal Etchegaray restitua à Patras les reliques de la Croix de Saint-André détenues à Saint-Victor depuis le XIIe siècle.

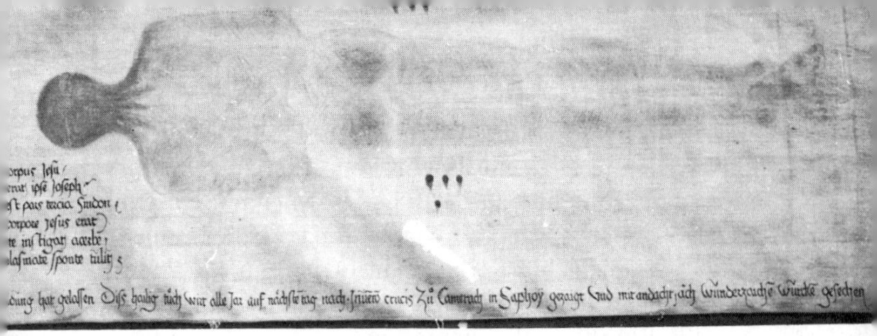

RES

E COPIE DATÉE 1516

brûlures (figurant déjà sur le plomb du Musée de Cluny)[23]. Ces brûlures, aux bords calcinés, noirâtres, étant antérieures à l'incendie de 1532 réfutent par avance l'assertion de Rabelais : « Les ungs se vouoyent à Saint Jacques, les autres au sainct Suaire de Chambéry, mais il brusla trois mois après, si bien qu'on n'en peut saulver un seul brin »[24].

Dans la Sainte-Chapelle de Chambéry où Louis XI avait épousé Charlotte de Savoie en 1451, c'est dans une cavité ménagée dans le mur derrière le maître-autel que la châsse protégée par des portes de fer, munies de quatre serrures, est déposée depuis le 11 juin 1502. Là de nombreux pèlerins viendront se recueillir.

Pèlerins illustres

Pour les plus illustres pèlerins, l'on déploiera le Linceul, l'on ira même jusqu'à le déplacer à Bourg-en-Bresse pour le roi d'Espagne Philippe le Beau et sa femme Jeanne la Folle.

Un témoin de cette ostension de 1503, Antoine de Lalaing décrit le Linceul : « On le voidt clerement ensanglanté du très précieux sang de Jhésus, nostre rédempteur, comme se la chose avoit été faicte aujourd'hui. On y voidt l'imprimure de tout son très sainct corpz. »

23. Je n'ai jamais attribué ces marques à l'incendie de 1349 d'une manière certaine, mais j'affirme pour les avoir observées de près que ce sont bien des traces aux bords calcinés et non du sang.

24. Gargantua, ch. 27.

La duchesse douairière Claude de Brosse mère du duc Charles III, qui avait abrité la relique pendant quelques années dans son château de Billiat-en-Michaille lui était fort dévote, elle venait prier chaque jour près de la châsse et c'est à ses pieds, derrière le maître-autel qu'elle voulut être inhumée.

Sa fille Philiberte de Savoie, qui avait épousé le frère du Pape Léon X, ce Julien de Médicis, dont le tombeau est l'un des chefs-d'œuvre de Michel-Ange, voulut, elle aussi, après bien des pèlerinages au Linceul, que son corps termine son pèlerinage terrestre près de la relique qu'elle avait tant vénérée et où 160 ans après il fut retrouvé intact. Son neveu François Ier qui la vénérait, l'avait fait duchesse de Nemours et s'il tint tant à posséder le célèbre tableau de Léonard de Vinci connu sous le nom de « La Joconde » ne serait-ce pas pour avoir su que Philiberte en avait été le modèle.

La reine Anne de Bretagne viendra pèleriner en compagnie de son gendre le duc d'Angoulême, futur François Ier alors âgé de 17 ans (juin 1511) « escorté de bien deux mille chevaulx ».

Qui prononce le nom de François Ier évoque une victoire et une date : Marignan 1515. On ignore parfois que le règne de François Ier débuta le 1er janvier de cette même année et surtout, que la célèbre bataille fut à son début nettement défavorable à nos armes. Le roi qui avait hérité de la dévotion de sa mère Louise de Savoie envers le « beni Souayre » l'invoqua et promit un pèlerinage à pied s'il obtenait la victoire. Tout comme pour Clovis à Tolbiac, le vent de la victoire tourna.

« Le 28 de may » 1516, Louise de Savoie note dans son journal « environ cinq heures après midi, mon fils, mon César (François Ier) partit de Lyon pour aller à pié au Saint-Suaire de Chambéry ».

Le roi est vêtu d'une aube de toile blanche, « comme faisait trois ou quatre lieues par jour, il arriva au terme de son pèlerinage le 15 juin ». Il y rencontra un autre pèlerin : le connétable de Bourbon.

La relique devint l'objet d'un pèlerinage dont la popularité fut inouïe. Les ostensions qui attiraient les pèlerins, avaient lieu le Vendredi Saint et le 4 mai jour de la fête du Saint-Suaire... A ces dates on le montre, « du haut des murs du château », ou du côté d'une prairie (Le Verney) qui s'étend hors de la ville, afin qu'il soit facile aux pèlerins de le contempler... On peut dire, ajoute le narrateur, que c'est la relique la plus sainte et la plus admirable de la Chrétienté... Les Turcs eux-mêmes en sont remplis d'émotion et de respect ».

Le Linceul suit les ducs dans tous leurs déplacements. En 1566, il sera à Annecy à l'occasion du mariage d'Anne d'Este et de Jacques de Savoie.

Ce n'est pas à Annecy, mais à Chambéry en mai 1567 que Mme de Boisy, qui était enceinte, demande à Dieu devant le Linceul exposé « que de son enfant, il fasse un saint ». L'enfant devint Saint-François-de-Sales ; il avait une telle dévotion au « Souayre » qu'il en possédait de multiples reproductions dans ses appartements[25].

Incendie de 1532

A défaut de pouvoir l'y faire revenir contentons-nous de faire un retour en arrière pour retrouver le Linceul dans la Sainte-Chapelle de Chambéry.

Nous sommes en 1532 dans la nuit du 3 au 4 décembre. Soudain grand branle-bas. Le feu qui semble avoir pris dans la sacristie embrase la Sainte-Chapelle. Le reliquaire d'argent, don de Marguerite d'Autriche est entreposé dans une niche creusée dans le mur derrière le maître-autel, protégé par de solides barreaux de fer.

Cette niche qui avait été bouchée fut retrouvée récemment lors de travaux de restauration à la Sainte Chapelle. L'emplacement des scellements des barreaux de fer arrachés est nettement visible. Bravant les flammes, deux moines franciscains cordeliers du couvent de Sainte-Marie l'Egyptienne (les pompiers de l'époque) un serrurier Guillaume Pussod et Philibert Lambert, jettent

25. « J'ai une raison particulière d'y être dévôt ; parce que ma mère me dédia à N.S., lorsque j'étais dans ses entrailles, devant ce saint étendard du salut » (Saint-François de Sales).

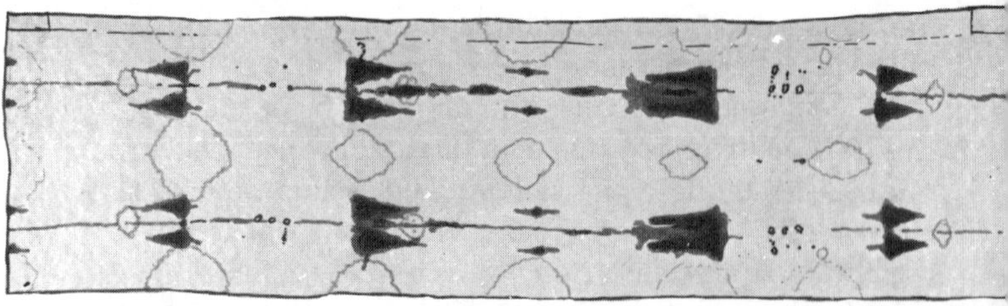

BRULURES ET CERNES D'EAU

de l'eau sur le reliquaire surchauffé qui commence à fondre. A coups de marteaux ils arrachent les ferrures sauvant le Lin précieux qui commence à roussir. Au dire des témoins un courant d'air providentiel aurait écarté les flammes sur le passage des sauveteurs.

Étant enfant, l'historien Pingon [26] avait été témoin oculaire de l'incendie « dans lequel le Suaire comme les jeunes Hébreux dans la fournaise a repoussé les flammes. En vérité, nous l'avons tous vu clairement (car j'étais alors présent) et nous avons été frappés de stupeur ».

Un siècle après, Victon affirme que « ces quatre personnages se firent passage au milieu des flammes et qu'ils témoignèrent après qu'il leur semblait sentir rosée surcelette (sic) et un zéphir gracieux ».

Le Linceul qui dans sa châsse était plié en quarante-huit épaisseurs (comme nous plions nos draps ou nappes dans nos armoires) est maintenant déplié, certaines parties, celles qui correspondaient à un angle du paquet ainsi formé par l'étoffe sont carbonisées et ceci tout le long du pli. L'étoffe ainsi a l'aspect d'un tissu sur lequel un fer chaud est resté trop longtemps.

Dans les incendies, outre les dégâts du feu il y a souvent ceux des pompiers, ce qui fut le cas : l'eau jetée a produit des cernes qui forment des sortes de rosaces au centre et sur les bords de l'étoffe.

Mais chacun de s'extasier : la double empreinte du corps divin est indemne. Elle s'inscrit entre deux longues

26. Ph. Pingon, Sindon evangelica, édition Turin, 1578.

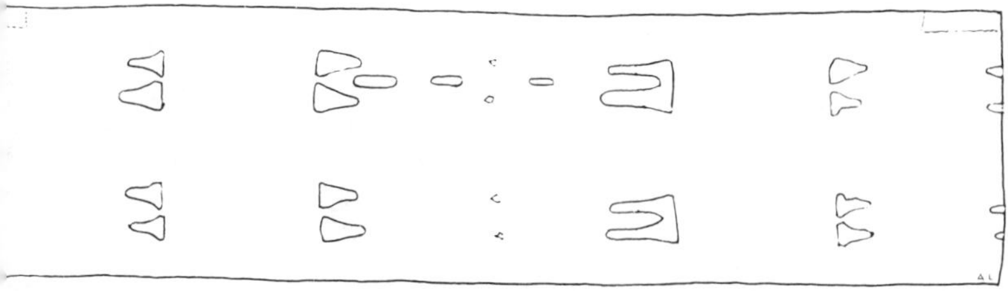

PIECES DE REPARATIONS 1534

traînées brunâtres partageant le tissu dans sa longueur, elles correspondent aux plis atteints par le feu. De chaque côté de ces lignes, l'étoffe roussie a laissé la place à vingt-quatre trous correspondant aux angles du paquet. L'eau a laissé des cernes aux genoux, au bas du thorax, au-dessus de la face et dans le dos.

Beaucoup de contemporains ne voudront pas croire l'incroyable, le reliquaire complètement fondu, mais l'effigie divine intacte.

Cette opinion était renforcée du fait que les ostensions qui avaient lieu chaque année le 4 mai furent supprimées vu l'état de l'étoffe (voir page 43 ce que Rabelais a écrit).

Réparations

Le pape Clément VII nomma le Cardinal Louis de Gorrevod comme légat chargé de vérifier l'identité de la relique brûlée. Le 15 avril 1534, le tissu vénérable qui avait été abrité dans la tour du Trésor, est examiné et reconnu par douze témoins qui l'avaient vu avant l'incendie.

Les Clarisses du monastère [26 bis] de Sainte-Claire en Ville de Chambéry se virent confier la précieuse relique par le Cardinal-légat qui avait procédé à sa reconnaissance, avec mission de coudre des pièces d'étoffe de corporaux destinées à consolider les parties détruites par le feu, masquant ainsi les trous situés symétriquement de chaque côté des deux lignes roussies qui encadrent le corps.

26 bis. Il en subsiste des vestiges 4, rue de Boigne dans l'Hôtel des Princes.

La relique leur fut conduite processionnellement, le Linceul étendu sur un toilier. La Mère abbesse Louise de Vargin et quatre religieuses effectuèrent le travail à genoux.

Le récit très détaillé [27] des Clarisses, décrit « l'affluence des pèlerins, certains venus de Rome et de Jérusalem, on leur montrait le Saint-Suaire. Leurs sentiments de dévotion nous disent-elles ne se pouvaient exprimer et ils s'en retournaient extrêmement consolés, disant que c'était le même qu'ils avaient vu autrefois. La description des moniales très minutieuse des blessures et de l'empreinte révèle un esprit d'observation et de rigueur scientifique remarquable :

« Les sourcils paraissent bien formés, les yeux un peu moins, le nez comme la partie la plus éminente du visage est bien imprimé. » Elles avaient donc remarqué que l'image était constituée par des reliefs variant d'intensité suivant les distances. « Les gouttes de sang paraissaient larges comme des feuilles de marjolaine... en regardant par-dessous le Suaire lorsqu'il était étendu sur la toile de Hollande en toilier nous voyions les plaies comme si nous eussions regardé à travers une vitre ». Cette dernière observation prouve la présence de sang (comme nous le verrons page 102). Elles ont également observé l'empreinte visible par transparence de l'envers de l'étoffe.

Lorsque les ostensions de la relique reprirent, Calvin écrit : « Quand un Suaire a esté brulé, il s'en est toujours

27. Léon Bouchage, Le Saint-Suaire de Chambéry à Sainte Claire-en-Ville, Chambéry, 1891, p. 260-282.

Dessin anonyme (cabinet des Dessins du Musée du Louvre), agenouillés Emmanuel-Philibert, ses enfants et son épouse, Marguerite de France (fille de François Ier morte en 1574)

trouvé un autre le lendemain ». Il ajoute : « On disait bien que c'estoit cestuy-là mêsme qui avoit esté auparavent, lequel s'étoit par miracle sauvé du feu ; mais la peincture étoit si fresche que le mentir n'y valait rien, s'il y eust des yeux pour regarder » [28].

Au XXe siècle nos procédés modernes d'investigation n'autorisent plus pareille opinion.

A Turin

La longue liste des pèlerins illustres aurait dû mentionner Saint-Charles Borromée. La peste ravageant sa ville épiscopale de Milan, il se dévouait à secourir de son mieux ceux que le mal terrassait lorsqu'il pensa qu'il serait préférable qu'il n'y eut plus personne d'atteint, il fit alors le vœu de se rendre à pied en pèlerinage à Chambéry et « la peste cessa ».

Le dévouement du pieux Cardinal l'avait épuisé et très compatissant, le duc Emmanuel-Philibert, qui avait appris sa promesse, pour lui éviter la fatigue de la traversée des Alpes à pied fit transporter le Linceul outre Alpes au château de Lucento. Promettant « très sincèrement » aux habitants de Chambéry que ce déplacement du Lin sacré n'était que provisoire... le provisoire dure parfois longtemps ce qui est le cas depuis quatre siècles, mais nous avons la consolation de savoir, « parole de souverain », que ce déplacement n'est que provisoire...

28. CALVIN, *Opera omnia,* Tome XLVII, éd. de Genève, 1543.

Ostension de 1578 présidée par saint Charles Borromée

De méchantes langues ont dit que si le duc de Savoie avait opéré ce transfert de son ancienne capitale Chambéry, « c'étoit moins pour ménager les forces du pieux prélat, que pour le conserver à Turin sa nouvelle capitale ».

Quoi qu'il en soit, le Cardinal Charles Borromée n'eut que quatre jours de pèlerinage pédestre à effectuer et le 6 octobre 1578 il présidait une ostension dont une gravure nous a conservé le souvenir.

Emmanuel-Philibert offrit à Saint Charles une copie du Linceul, conservée actuellement, près de Milan à l'oratoire d'Inzago. Une autre copie est à l'Église du S. Sindone des Piémontais à Rome : don de Clément VII.

Saint François de Sales

Nous avions vu que Saint François-de-Sales avait hérité de sa mère d'une profonde dévotion au Linceul. Il le tient dans ses mains à Turin le 4 mai 1613 ; il faisait très chaud et il était très ému dit son frère.

L'année suivante Saint François-de-Sales écrit à Sainte Jeanne-de-Chantal une lettre pleine de finesse et de saveur :

« Ma très chère Mère

J'étais, il y a un an, et environ à ces heures à Turin, et montrant le Saint-Suaire parmi un si grand peuple, plusieurs gouttes de la sueur qui tombait de mon visage se contrèrent dedans le Saint-Suaire même, et notre cœur

Obstension de 1613 avec saint François de Sales

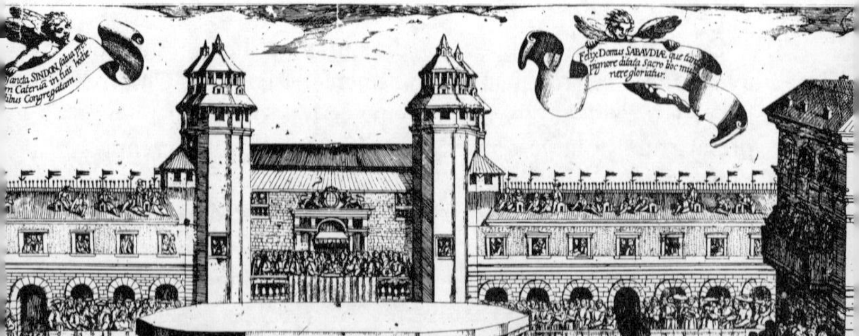

sur cela fit ce souhait : hé, playse à vous, Sauveur de ma vie, de mêler mes indignes sueurs avec les vôtres et détremper mon sang, ma vie, mes affections dedans les mérites de votre sacrée moiteur.

Ma très chère Mère, le prince-Cardinal pensa se fâcher de ce que ma sueur dégouttait sur le Saint-Suaire de mon Sauveur, mais il me vint au cœur de lui dire que Notre-Seigneur n'était pas si délicat, et qu'il n'avait point répandu de sueur ni de sang que pour les mêler avec les nôtres, afin de leur donner le prix de la vie éternelle. Ainsi, puissent nos soupirs s'allier aux siens, afin qu'ils montent en odeur de suavité devant le Père éternel.

Mais de quoi me vais-je souvenir ? J'ai vu que quand mes frères étaient malades en leur enfance, ma mère les faisaient coucher dans la chemise de mon père, disant que les sueurs des pères étaient salutaires aux enfants. O que notre cœur se couche, en cette sainte journée, dans le Suaire de notre divin Père, enveloppé de ses sueurs et de son sang, et que là, il soit, comme à la mort même de ce divin Sauveur, enseveli dans la sépulture d'une invariable résolution de demeurer toujours mort en soi-même jusqu'à ce qu'il ressuscite en la gloire éternelle. Nous sommes ensevelis, dit l'Apôtre, avec Jésus-Christ, en la mort d'iceluy, afin que nous ne vivions plus de la vieille vie, mais de la nouvelle Amen ».

En 1694, c'est un homme, lui aussi promis à l'honneur des autels le Bx Sébastien Valfré, aumônier des souverains, qui, très pieusement fera quelques points de couture à l'aide d'un fil brun, son travail est très visible près

La Sainte-Chapelle du Sindon à Turin

de la plaie du côté. En regardant son œuvre, l'on est bien obligé de constater que l'on peut être un saint homme et mal tenir l'aiguille.

Pour encourager les pèlerinages, la Congrégation des Indulgences accorda en 1670 une indulgence plénière à ceux qui se rendaient en pèlerinage pour vénérer le Sindon.

La chapelle de Guarini

Depuis le 1er juin 1694 la relique qui était déposée à l'église Saint-Laurent fut transférée par le duc Victor-Amédée II dans la chapelle jouxtant le cathédrale, œuvre de Guarino Guarini (1624-1695), qui fut tout ensemble Supérieur général de son ordre, les Théatins et un architecte dont la célébrité à traversé les siècles. Les Indes où il avait été missionnaire ont influencé ses œuvres.

La chapelle du Saint-Suaire construite de 1668 à 1694 est considérée comme l'un de ses chefs-d'œuvre. Elle est située dans le Palais Royal, mais, de la cathédrale, l'on peut y accéder par deux larges escaliers de marbre de 37 marches situées de part et d'autre de l'autel majeur.

C'est un édifice de forme circulaire, l'intérieur est en marbre noir. On dirait un rayonnement d'arcs s'élançant vers le ciel en une très savante géométrie qui donne le vertige.

Les arcs de cette très haute coupole forment des zones hexagonales de telle manière que l'angle d'une zone correspond au milieu des zones inférieures et supérieures celles-ci allant en diminuant vers le haut.

De l'extérieur, cette coupole avec ses 64 mètres domine nettement celle du Dôme de la cathédrale.

Au centre de la chapelle, surélevée de plusieurs marches, l'autel double. Un baldaquin surmonte la châsse protégée par une puissante grille dorée. Une copie peinte par Carlo Cussetti en 1898, et entreposée dans la sacristie s'offre à la vue des pèlerins, et certains croient avoir contemplé la relique alors qu'ils n'ont vu qu'une réplique.

Ostensions

En 1720 le duc Victor-Amédée II craignant pour la conservation de la relique supprima les ostensions annuelles. Après cette date il n'y eut au cours du XVIIIe siècle que cinq ostensions limitées généralement à une journée.

Au XIXe siècle, les ostensions les plus marquantes furent celles qui eurent lieu en 1804 et 1815 lors des passages du Pape Pie VII à Turin. Elles furent suivies de celles de 1842 et 1868.

Il faut attendre trente ans pour qu'à nouveau en 1898 à l'occasion d'une exposition d'art sacré la précieuse relique sorte de sa châsse pour être exposée pendant huit jours au-dessus du maître-autel de la Cathédrale.

Il est difficile de préciser si la demande de cette ostension au cours de laquelle la photographie négative devait révéler grâce au négatif la Face du Christ fut faite à la date même de la mort de la petite Thérèse de Lisieux (30 septembre 1897) où dans les jours qui suivirent, car l'on n'a retrouvé à Turin que la réponse favorable du roi Humberto parvenue dans la première quinzaine de novembre 1897.

A la suite de ma première visite au Carmel de Lisieux, où vivait encore Céline, sœur de Sainte Thérèse de l'Enfant Jésus et de la Sainte Face, celle-ci devenue Sœur Geneviève de la Sainte Face correspondit avec moi. Elle me fit savoir qu'elle partagerait pleinement mon sentiment que « sa sainte petite sœur » (sic) avait dès son arrivée au ciel demandé à Celui qu'elle avait tant aimé de manifester sa Face aux hommes. La seule prédiction que Thérèse avait faite à Sœur Geneviève concernait sa mission pour la diffusion dans le monde entier de la Sainte Face d'après le Linceul de Turin. Céline ne l'avait compris que plus tard, après une intervention écrite de Saint Pie X à qui le Père Eugène Prévost avait remis la reproduction d'un dessin réalisé par elle.

Noguier de Malijay

Si du ciel une petite sainte française a préparé la révélation photographique de 1898 dont nous allons parler plus

P. Noguier de Malijay

longuement, un autre français lança l'idée de photographier la relique. Il était loin sans doute de soupçonner le retentissement considérable qu'aurait la réalisation de son idée.

J'ai nommé le Père Noguier de Malijay, salésien, qui devait mourir en 1930, après avoir passé à Paris les dernières années de sa vie à diffuser le culte du Saint-Suaire. En 1897 alors qu'il était professeur de physique et de chimie au Collège de Valsalice près de Turin il fut le premier à demander au Roi l'autorisation de photographier le Saint Linceul (et ceci m'a été confirmé par mon ami Don Tonelli). Il essuya un refus, mais se souvenant sans doute de la parole évangélique : frappez et l'on vous ouvrira, il fit écrire au monarque dans le même sens par un membre d'un groupement de photographes amateurs auquel il appartenait également... Nouveau refus royal. Nouvelle demande par un autre photographe amateur ; le roi était fatigué de ces demandes répétées, lorsque l'avocat Secondo Pia membre du même groupe, et poussé lui aussi par le Père Noguier, par l'intermédiaire du Baron Manno, sollicita la même faveur. Le roi... accepta. Le P. Noguier rentra dans l'ombre. Il avait gagné et dut se contenter ainsi que le P. Sanna Solaro et M. Fino de prendre clandestinement de petites photos : elles confirmèrent que les clichés de Pia n'étaient ni surexposés ni négativés comme certains l'insinuaient.

Secondo Pia

Première photo réalisée par Pia (négatif) ⟶

Pia

L'ostension faite à l'occasion de l'Exposition d'Art sacré à Turin, dura du 25 mai au 2 juin 1898. Le 25, Pia par suite de la rupture des filtres dépolis et d'une luminosité défectueuse, échoua dans sa tentative.

Au soir du 28 mai, une plaque de verre placée à la demande de la princesse Clotilde pour protéger le linge sacré de la fumée des cierges et de l'encens, provoquait des reflets gênants. A 23 heures, Pia prit un cliché en posant quatorze minutes ; puis un second avec une pose de vingt minutes. A minuit il quittait la cathédrale et immédiatement s'enfermait dans sa chambre noire. Il plongea ses plaques de verre dans le bain révélateur. Soudain, le négatif placé devant la lanterne rouge fit surgir à ses yeux le véritable visage du Christ, que nul n'avait contemplé depuis plus de dix-huit siècles.

« Enfermé dans ma chambre noire, dira Pia, j'éprouvai une émotion si intense quand je vis pour la première fois la Sainte Face apparaître sur la plaque que je restai pétrifié. »

Après l'ostension de 1898

Pendant tout le XIXe siècle, la dévotion de la Sainte Face n'avait comme support que la médiocre reproduction de la Véronique volée à Rome en 1527.

Lorsque l'on apprit qu'une photo du Linceul venait d'être faite, révélant la Face de Jésus, le retentissement

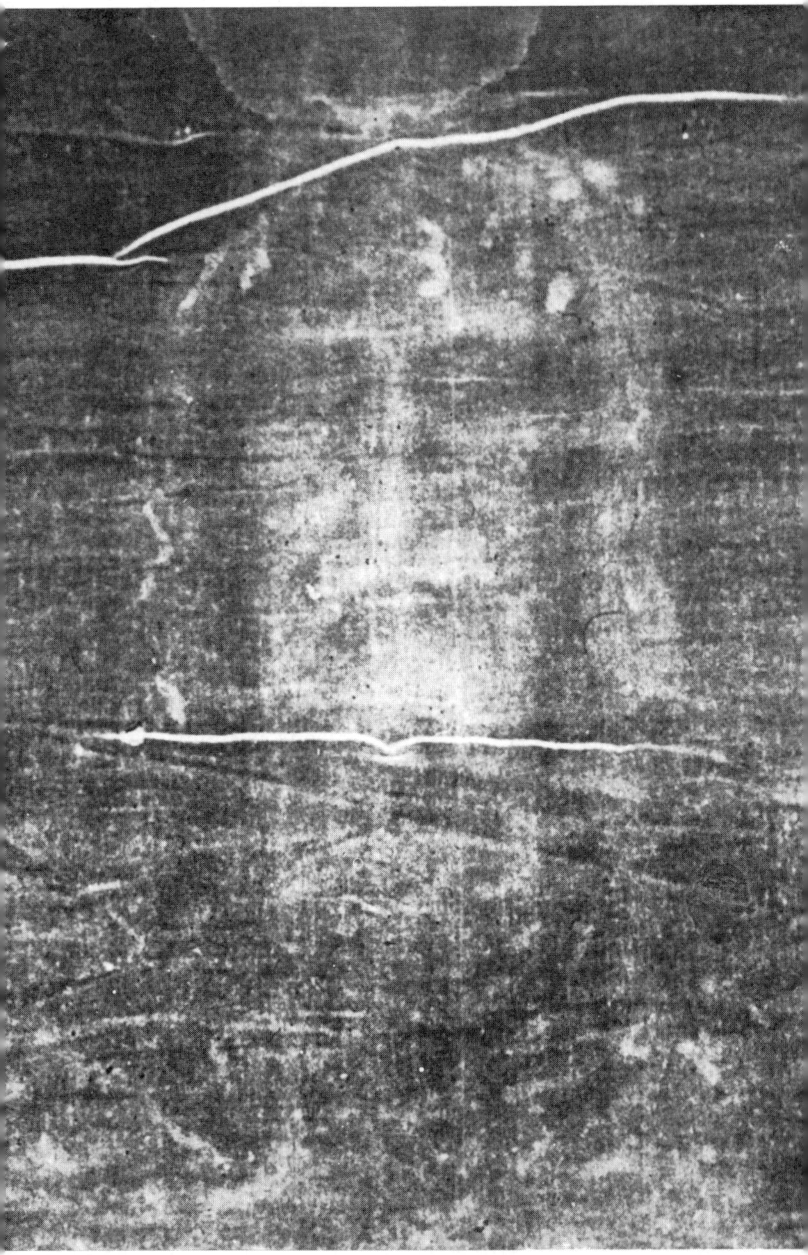

(de gauche à droite :)
Arthur Loth - Paul Vignon
-Yves Delage.

de l'événement fut considérable tant dans le monde religieux que dans le monde scientifique et celui de la presse.

Le négatif de Pia souleva l'enthousiasme, l'on pouvait lire dans l'Osservatore Romano du 14 juin 1898, « La nouvelle s'en est aussitôt répandue, et l'on a vu commencer un nouveau pèlerinage à la maison de l'habile et heureux artiste. Celui qui écrit ces lignes y est accouru lui aussi, la plaque photographique, exposée à la lumière, produit dans sa transparence un sentiment inexprimable. Nous avons vu distinctement, tels qu'ils étaient, les traits du Rédempteur, et nous avons été les premiers à les revoir après dix-neuf siècles lorsque personne n'aurait osé concevoir une aussi chère espérance ».

Léon XIII voyait « dans cet événement providentiel un moyen approprié au temps actuel de favoriser le réveil du sentiment religieux ».

En France, l'Abbé Raboisson publia dans le journal « La Vérité » du 23 juillet 1898 un article qui suscite les passions, l'on accusa Pia d'avoir truqué son cliché (c'est trop beau pour être vrai). D'autres plus modérés tels M. de Mély plaident non la mauvaise foi mais l'incompétence : le cliché a été surexposé, et cela donnerait un « négatif de négatif » (sic). Par la suite de Mély refusa de voir des photos prises en 1933 par diverses personnes et qui n'avaient pu être toutes surexposées ou négativées.

Il suffisait d'avoir vu le Linceul pour mesurer l'inanité de certaines objections, mais ceux qui les soutenaient n'avaient justement pas vu le Linceul ou avaient cru le voir, tel l'auteur d'un article du « Gaulois » qui déclara

en substance. « J'apporte la preuve irrécusable que le Suaire est faux. Je suis allé à Turin, j'ai pu monter sur l'autel et au travers des barreaux, j'ai regardé le Suaire à l'aide d'une forte loupe et j'ai vu la trace des coups de pinceaux. » Le pauvre homme n'avait oublié qu'une chose, c'est que la relique était, comme toujours entre les ostensions, enclose dans sa châsse d'argent. Ce qu'il avait vu était une copie au tiers de l'original. Sa loupe lui avait normalement manifesté les coups de pinceaux, mais il n'avait pas pris garde à une autre objection : sur cette copie réduite qu'il tenait pour l'original, la taille du Christ ne serait que de soixante centimètres.

L'argument impressionna pourtant des gens cultivés, qui pendant plus de trente ans tinrent la question pour tranchée.

Parmi les adversaires de l'authenticité une place prépondérante doit être donnée à un chartiste éminent qui fit un travail de fiches digne d'éloge : le chanoine Ulysse Chevalier. Il exhuma des documents qui loin de révéler comme il le croyait l'œuvre d'un peintre, ont permis de clarifier les problèmes de propriété du Linceul. Quand aux aveux du peintre que Chevalier avait promis, ils ne vinrent jamais et pour cause.

Les défenseurs de l'authenticité

La première place parmi les défenseurs revient à Arthur Loth, cet ancien élève de l'École des Chartes qui pour mieux servir la vérité chrétienne se fit journaliste.

Son mérite est d'avoir été en France le premier champion de la cause de l'authenticité du Linceul de ce Jésus auquel son visage était arrivé à ressembler par un mimétisme que je ne fus pas le seul à remarquer. Par ses livres [29], ses articles nombreux il communique sa « foi » en la relique en premier lieu à Paul Vignon et à Colson qui à leur tour vouèrent une grande part de leur activité à la défense de l'authenticité du Linceul.

Le Professeur Paul Vignon consacra tout le temps que lui laissaient ses cours de biologie à l'Institut catholique de Paris à l'étude du Sindon. Ses ouvrages récemment réédités en reproduction artistique font autorité dans le monde entier [30] et personne ne conteste le principe qu'il a démontré. Si le sang n'a marqué l'étoffe que là où elle était en contact direct avec le corps, par contre, l'empreinte, elle, non seulement s'est produite avec le maximum d'intensité là où il y avait contact, mais (et c'est là le grand mérite de Vignon) cette empreinte obéit à la loi des distances : l'intensité de l'image décroît dans la proportion où augmente l'intervalle séparant le tissu du corps.

René Colson [31] alors professeur, répétiteur de Physique à l'École polytechnique se rendit célèbre, par une communication à l'Académie des Sciences sur l'action à distance des vapeurs de zinc sur la plaque photographique.

Les expériences qu'il continua avec la collaboration d'Armand Gauthier de l'Académie des Sciences servirent de base aux théories vaporographiques de Vignon alors préparateur de biologie à la Sorbonne. Et c'est à sa demande que le Prof. Yves Delage (1864-1920) présenta

29. Arthur LOTH, *Le Portrait de Notre Seigneur. Jésus-Christ d'après le Saint-Suaire de Turin*, éd. Oudin, Paris-Poitiers, 1900. Arthur LOTH, *La Photographie du Saint-Suaire de Turin*, éd. Oudin, Paris-Poitiers, 1907.

30. Paul VIGNON, *Le Linceul du Christ*, éd. Masson 1902. Paul VIGNON, *La Saint-Suaire de Turin devant la Science, l'Archéologie, l'Histoire, l'Iconographie, la Logique*, éd. Masson, 1938.
Paul VIGNON, *Au souffle de l'Esprit créateur*, (œuvre posthume publiée en 1946), ed. Beauchesne.

31. René COLSON, *Le portrait du Christ*, éd. Oudin, 1914.

le 21 avril 1902 à l'Académie des Sciences, une communication dont le retentissement fut considérable. Elle provoqua dans la presse des polémiques d'une violence à laquelle, fort heureusement nous ne sommes plus habitués.

Delage, agnostique notoire, n'hésita pas à défendre ce qu'il tenait pour être la vérité, même si cela contristait ses amis. Berthelot eût voulu le faire taire. Dans une lettre publique à Charles Richet [32] Delage se défend :

« Je n'ai pas trahi la science et menti à mes opinions de libre penseur. Je n'ai point fait œuvre cléricale parce que cléricalisme et anticléricalisme n'ont rien à voir dans cette affaire ».

L'essentiel de la communication d'Yves Delage peut se résumer ainsi : « S'il y avait eu un faussaire, comment aurait-il pu réaliser une beauté que l'on ne voyait pas sur son œuvre et qu'on ne pouvait voir qu'après un renversement, qui n'est devenu possible que plus tard ? Il travaillait pour ses contemporains et non pour le XXe siècle et l'Académie des Sciences ».

Il détaille le réalisme des coulées de sang et des blessures et Delage poursuit « l'idée de M. Vignon à laquelle je souscris entièrement, c'est que le cadavre du supplicié a été déposé sur le Linceul, et que ce cadavre était recouvert d'une sueur fébrile riche en urée. »

« Si ce n'est pas le Christ, c'est donc quelque criminel de droit commun. Comment concilier cela avec l'expression admirable de noblesse que vous lisez sur cette figure ? »

Après avoir énuméré un certain nombre de circonstances particulières il conclut :

« Il y a seulement une chance sur dix milliards pour qu'elles se soient toutes rencontrées ensemble ».

Les travaux et conférences de Gabriel Quidor, Henri Terquem et du P. Noguier de Malijay firent connaître en France le Linceul du Christ.

Et Claude Debussy composa la musique du « Martyre de Saint Sébastien » de Gabriel d'Annunzio qui mit en

32. Lettre publiée dans la Revue scientifique du 31 mai 1902.

Le Linceul sur le parvis en 1933
(photo de l'auteur)

scène la célèbre relique [33]. Le Linceul inspira aussi : Paul Claudel, Max Jacob, Jean Husson, Gilbert Cesbron...

Ostension de 1931

Dès lors de nombreuses demandes d'ostensions sont faites en vue de pouvoir à nouveau examiner le Linceul et le photographier, la plupart venant de France mais elles restèrent sans réponse.

C'est seulement à l'occasion du mariage du Prince héritier Humbert avec la Princesse Marie-José de Belgique que le roi d'Italie autorisa l'ostension du 3 au 24 mai 1931. Un photographe exclusif et officiel fut nommé par le roi, un professionnel très qualifié : Giuseppe Enrie qui réalisa une série de clichés sur plaques de verre de 40 × 50 cm. Le Linceul dans son entier fut photographié au 1/3 de sa grandeur ; la Face aux 3/4 et en grandeur réelle ; les coulées de sang de la main agrandies sept fois en surface.

Enfin des photos de l'ensemble du Linceul, certaines avec filtres en vue de la reproduction en trichromie.

Celui que dans l'intimité nous nommions affectueusement « le photographe du Christ » a relaté ses travaux dans un ouvrage qui fut traduit en plusieurs langues [34].

Le principal intérêt de l'ostension de 1931 résida dans les photographies d'Enrie. Grâce aux progrès techniques

33. Pages inspirées par le livre d'Arthur Loth toujours conservé dans sa bibliothèque.

34. G. ENRIE, *Le Suaire de Turin révélé par la photographie,* Traduction G. Porché, éd. Procure du Carmel de l'Action de Grâce, 1936.

réalisés depuis les clichés de Secondo Pia il réussit une série d'épreuves dont la perfection n'a pu être égalée par J.-B. Judica-Cordiglia.

Ostension de 1933

Après l'ostension de 1931 le Professeur Paul Vignon avait constitué une « Commission internationale des recherches scientifiques sur le Saint-Suaire » dont il était le Secrétaire général. Cette commission de 110 membres, choisis dans divers pays pour leur notoriété et leur compétence particulière, comprenait notamment de nombreux membres des trois Académies.

En 1933 à l'occasion du 19e centenaire de la Rédemption et à la demande expresse du Pape Pie XI, une nouvelle ostension permit à un groupe de spécialistes (grâce à la bienveillance du Cardinal Fossati archevêque de Turin) d'étudier de près le Linceul et d'échanger leurs observations.

Pendant huit jours, j'ai pu ainsi m'entretenir avec le Cardinal Fossati, Mgr Barberis, Don Tonelli, le P. Auffray, le P. d'Armailhacq, Paul Vignon, le Dr P. Barbet, Gérard Cordonnier, Georges Porché.

Après avoir été présenté une dernière fois sur le parvis de la cathédrale où nous avons pu le photographier encore une fois en lumière solaire, le Linceul fut roulé dans sa châsse, il y resta enfermé lorsque celle-ci du 25 septembre 1939 au 24 octobre 1946 fut secrètement cachée au couvent de Montevergine loin des bombardements redoutés à Turin.

Pour remercier les moines de leur hospitalité, la relique leur fut présentée. Mais elle ne fut pas si bien roulée qu'en 1933 et l'étoffe reprit ainsi des plis malencontreux que les soins du Cardinal Fossati avaient réussi à estomper.

En 1955 le colonel d'aviation anglais Léonard Chershire (qui après sa conversion fit beaucoup pour faire connaître le Linceul dans son pays) obtint du roi Humbert d'Italie qu'une jeune écossaise, Josie Wollam, atteinte d'ostéomyélite puisse tenir le Linceul enroulé sur ses genoux et en touche une extrémité. Elle serait aujourd'hui mariée et mère de famille [35].

Malheureusement toutes les demandes faites pour faire ressortir le Linceul de sa châsse en vue de l'examiner scientifiquement restèrent vaines.

Cette attitude fit un jour dire par Jean XXIII au P. Rinaldi « qu'il faudrait qu'à Turin ils se décidassent à se remuer [35 bis] ». Mais sans doute l'heure n'était pas venue, la Providence savait qu'il fallait attendre les puissants moyens d'investigation des Américains qui sur place faisaient défaut.

Ostension de 1973

Dans un souci de ne pas favoriser ceux à qui leurs moyens financiers permettaient de venir à Turin, le cardinal Pellegrino voulut que cette ostension soit accessible à tous ses compatriotes sur un plan égalitaire ; celui du petit écran. L'ostension télévisée du 23 novembre 1973 fut précédée d'un discours en direct du Pape Paul VI :

« Nous aussi nous regardons en esprit avec l'admiration la plus profonde et la plus recueillie, comme si nous étions présent, le Saint Linceul dont une ostension extraordinaire est faite à Turin, où est gardée cette extraordinaire relique ».

Puis évoquant ses sentiments en 1931 (date de la première ostension du XXe siècle) il ajoute : « Le visage du Christ qui y est imprimé nous est apparu si vrai, si pro-

35. D'après Gilbert BRUNET, *Cahiers du cercle Ernest Renan*, n° 110.

35 bis. Le P. P. Rinaldi n'a jamais démenti que le Souverain Pontife lui ait dit : « bisognerebbe che a Torino si decidessero à muoversi… » Il n'a contesté que les traductions en anglais défaillantes.

fond, si humain et divin que nous l'avons admiré et vénéré comme aucune autre image ne nous avait permis de le faire. Ce fut pour nous un instant particulièrement émouvant ».

Après l'émission télévisée, notre film « Le Linceul du Christ » fut projeté au Centre de Sindonologie. Après quoi, le Prof. Max Frei accompagné du Prof A. Ghio et en présence de Mgr Cottino et de don Cœro Borga procéda à l'aide de bandes adhésives au prélèvement d'une série d'échantillons de poussières déposées sur la surface du Linceul. Nous verrons ce qui en résulta.

Le lendemain, seuls étrangers admis aux côtés des experts italiens, mon ami le Dr Jacques Galimard et moi-même avons été autorisés par le Cardinal Pellegrino, à examiner le Linceul à la loupe, à le toucher et à le contempler de très près pendant une heure quarante.

J'ai été invité ensuite à publier mes observations [36]. En voici l'essentiel :

« La première, de la plus haute importance que j'ai pu faire en examinant le sang à la loupe en fort grossissement c'est qu'il y a du sang non « *sur* » le Linceul mais « *dans* » celui-ci. Les reliefs des grains du tissu sont « moins coloriés » que « l'entre-fils », la coloration n'est pas superficielle ». « Mon ami Galimard se pose la question suivante : s'il y avait du sang sur le Linceul, a-t-il disparu au cours des siècles à la suite des lavages ? ou comme je le suggère le sang qui adhérait à la fois au tissu et au corps dans le tombeau, s'est-il sublimé au moment de la Résurrection avec les autres éléments physiques du corps ? Le Linceul n'aurait conservé entre ses fils que ce qui avait émané antérieurement du corps divin ».

« A mon avis, des prélèvements superficiels ne permettraient pas de recueillir les éléments nécessaires à la détection du sang, qui, comme je l'ai dit plus haut est non sur le tissu, mais entre ses fils ».

Les résultats négatifs du Prof. Frache de Modène et du Prof. Filogamo de Turin, semblent me donner raison

36. *Osservazioni alle perizie ufficiali sulla Santa Sindone 1969-1976*, publié par le Centre international de Sindonologie, pages 67 à 70 (en français).

mais les examens plus poussés réalisés depuis par John Heller et Alan Adler ont révélé la présence indiscutable de sang.

Ce rapport indiquait qu'il y aurait lieu de pousser l'étude des effets de déshydratation post-mortem sur un tissu de lin. D'après les expériences commencées en 1936 l'empreinte résultant de cette déshydratation est beaucoup plus intense visuellement lorsque l'on regarde l'étoffe en transparence.

Malgré la doublure rouge cousue à l'envers du Linceul l'on constate ce fait lorsque l'on l'examine, en transparence grâce à l'éclairage d'un puissant spot.

Une conclusion s'impose : que des photos exécutées par transparence (avec un éclairage solaire de préférence) seraient très souhaitables. Si la doublure rouge pouvait au moins partiellement être soulevée les résultats seraient bien supérieurs.

J'ai pu renouveler ces souhaits. Le Cardinal Ballestrero a chargé le Prof-Gonella de réaliser ce vœu, car les photos en couleur, en noir et blanc à l'ultra-violet ou à l'infra-rouge réalisées antérieurement tant en 1969 qu'en 1973 sont techniquement assez insuffisantes.

Quant à la datation du tissu par le carbone 14 outre qu'actuellement il exigeait la destruction d'une portion de tissu trop importante, le résultat risquait d'être imprécis à cause des variations hygrométriques subies au cours des siècles.

Ostension de 1978

Avant cette ostension qui fut la plus longue de l'histoire puisqu'elle dura quarante-trois jours : du 27 août au 8 octobre (donc pendant tout le pontificat de Jean-Paul 1er) le pape Paul VI dans une lettre manuscrite adressée à l'archevêque de Turin écrivait : « Laissant le champ libre à la science quant aux recherches historiques, les chrétiens pourront certainement trouver dans cette heureuse circonstance [37] de nouvelles incitations à la

37. Comme preuve de l'ancienneté de cet intérêt, je garde précieusement une lettre du futur Paul VI, signée Jean-Baptiste Montini et datée de mars 1940.

méditation, et à l'adoration de la source intarrissable de vie cachée dans les souffrances du Christ Jésus... »

C'est sans doute une opinion semblable que partageaient les vingt-et-un cardinaux venus en pèlerinage à Turin (l'un d'eux venu le 21 septembre 1978 est devenu Jean-Paul II), 350 évêques et des milliers de prêtres concélébrèrent devant la Relique exposée. Trois millions de pèlerins durent attendre pendant deux ou trois heures en moyenne pour voir le Linceul de près pendant quelques minutes. Parmi eux, il y eut certes des curieux mais il était impossible de les discerner, gagnés qu'ils étaient par le recueillement et l'émotion générale qui ont frappé tous les observateurs.

Le Pape Jean-Paul II revint à nouveau à Turin le 13 avril 1980 vénérer le Saint Linceul déroulé spécialement pour lui.

Sindonologie à Turin

A la commission nommée en 1969 et composée exclusivement d'Italiens chargés de présenter les rapports, purent se joindre en 1973 quelques étrangers.

Thomas Humber a écrit : « Le rapport qu'il publie en janvier 1976 n'ajoute que fort peu de choses à ce que l'on savait déjà. Plusieurs des monographies que comportait ce rapport témoignaient d'un tel manque d'information chez les auteurs que les autorités turinoises furent amenées à autoriser la publication d'un examen critique du rapport tout entier ». A propos du Congrès de 1978, le même auteur écrit : « On apporta des « preuves » à l'appui des opinions les plus bizarres, en se fondant toujours sur des idées fausses, sur les recherches erronées, sur les conclusions hâtives qui ont si longtemps diminué la crédibilité des travaux sur le Suaire »... « Un bon nombre de faiseurs et de charlatans eurent leur heure de notoriété mais leurs déclarations et leurs points de vue n'ont pas réussi à disqualifier aux yeux des croyants l'objectivité et la prudence des savants qualifiés et des spécialistes sérieux » [38]. Si ces critiques méritent atten-

38. Thomas HUMBER, *L'énigme du Saint-Suaire*, éd. du Cerf, 1979, p. 172 - 173.

tion le Congrès a compté de nombreux experts de grande valeur : trois éminents exégètes, les Pères Lavergne et Feuillet et l'evêque anglican Robinson ont éclairé en pleine concordance, sans s'être concertés, le problème biblique longtemps obscur.

Sur le plan scientifique, les rapports du Prof. Max Frei sur les pollens et ceux de Jumper et de Jackson sur l'image tridimensionnelle obtenue par l'interprétation scientifique de l'empreinte furent les plus remarqués. Il faut également citer les Docteurs Romanese, Bollone, Morano et Bucklin.

Enfin le P. José-Luis Carréno Etxeandia soutenu par l'approbation des participants recentra le débat sur son vrai terrain : Le Linceul nous rappelle comment un homme nommé Jésus est mort pour la Rédemption de toute créature et comment depuis que son cadavre a cessé d'être dans des linges sépulcraux, il est toujours vivant et présent. Si la Providence a permis que le Linceul ait pu venir jusqu'à nous c'est moins pour nous faire valoir par nos petites thèses personnelles que pour aider la foi de nos contemporains.

Timbre commémoratif de l'ostension de 1978

Congrès sindonologique de Turin 1978

Ostensions futures :

Le Sindon ne fut pas restitué aux chanoines de Lirey qui le revendiquaient et malgré les décisions de justice fut conservé depuis 1453 par les ancêtres du dernier roi d'Italie : Humberto. Après sa mort en mars 1983, en exécution de son testament, il devint, le 18 octobre 1983, la propriété indiscutée du Pape.

Le Sindon demeure à Turin où il restera en dépôt. Les lieux et dates des ostensions ne dépendront plus d'une décision royale mais papale. Un grand pas est heureusement franchi.

2
Examen du Linceul

Ce que l'on vénère

Examinons maintenant le Linceul, témoin de la Passion.

Apprenons à regarder cet objet : ses dimensions, comment il se présente. Que signifient ces signes énigmatiques propres à dérouter à première vue celui qui l'approche pour l'observer ou le vénérer.

C'est bien d'un Linceul qu'il s'agit, et non d'un Suaire : cette mentonnière dont parle Jean 21, et qui n'a pas été conservée. Seul le Linceul nous est parvenu.

Dimensions

Les dimensions actuelles du Linceul semblent à première vue, excessives : 4,36 m en longueur (soit deux fois et demi la stature d'un homme) et 1,10 m en largeur. Il est vraisemblable qu'à l'origine ces dimensions étaient légèrement supérieures, car à Byzance divers fragments ont dû être prélevés afin d'en faire des reliques.

Les fouilles d'Antinoë ont livré des étoffes de même largeur que le Linceul mais plus longues que lui. Il faut donc abandonner la croyance assez répandue que les anciens ne possédaient pas de métiers à tisser capables de réaliser des métrages aussi considérables.

Nature du tissu

Tous les experts en tissu qui ont examiné le Linceul sont d'accord pour dire que celui-ci a été confectionné avec du lin.

Le Prof. belge Raès qui en a analysé des fils déclare que l'étoffe est indiscutablement du lin. Ses analyses récentes lui ont permis de découvrir au microscope des traces minimes mais indiscutables de coton (le gossypium herbaceum) caractéristique de cotonniers du Moyen-Orient. Le Linceul a donc bien été tissé dans cette région d'après lui.

Dans la bande cousue sur le côté gauche de l'empreinte, il semble ne plus y avoir de traces de coton, ce qui indiquerait qu'elle a été tissée postérieurement, et que le métier s'était alors débarrassé des particules de coton détectées dans le Linceul.

Il importait avant tout de contrôler si l'étoffe pouvait bien dater de l'époque du Christ.

L'étoffe du Linceul est un sergé en chevrons en arêtes de poisson, la confection de son armure 3 lie I a nécessité un métier à quatre pédales. Des tissus aussi compliqués ont été retrouvés notamment dans les fouilles de Pompéï, de Martes de Veyre, de Mayence, de Palmyre, de Doura Europos, etc... Voilà pour l'antiquité.

L'origine de ce mode de tissage se retrouve en Syrie, donc près de Jérusalem. L'archéologue Maurice Pillet qui fut longtemps conservateur de Karnak et Louksor et fit les premières fouilles de Doura Europos, l'un des plus éminents spécialistes en matière de tissus anciens, déclara au vu de photos du tissu du Linceul : « Cette étoffe n'a pas été tissée à Jérusalem elle a certainement été faite dans la région de Sidon ». Et à ma question pour savoir si ce n'était pas le nom qui lui était donné par les évangélistes synoptiques (sindon) qui influençait sa déclaration il dit qu'il n'y avait absolument pas songé, car c'était uniquement la vue du tissu qui l'avait conduit à cette conclusion.

Quant à l'origine du mot « sindon », employé par les évangélistes ce mot n'est pas d'origine grecque, mais les auteurs divergent sur son étymologie : selon certains d'entre eux le mot *sindon* dérive du nom de la ville où ce genre de tissu était confectionné.

Or Sidon n'est située qu'à une centaine de kilomètres de Jérusalem, il n'y a donc aucune difficulté pour que les commerçants aient importé à Jérusalem des étoffes semblables. Ce tissu comporte 40 fibres par centimètre pour la trame, et 25 battues, au centimètre selon le Professeur Timosi.

Si les nappes d'autel sont confectionnées en lin c'est parce que depuis de très nombreux siècles la tradition constante de l'Eglise veut que ces nappes représentent le Linceul de Jésus et soient de même matière [1].

Mais peut être pensez-vous : si ce tissu a bien comme on le prétend servi pour Jésus il doit avoir près de vingt siècles et devrait tomber en poussière.

La conservation du Linceul est excellente, j'ai eu la possibilité de le toucher à deux reprises et je puis attester que son état de conservation est absolument parfait.

Rien d'anormal à cela : des fragments d'étoffe datant d'environ 2.000 ans avant J.C. provenant de sépultures égyptiennes, peuvent être froissés, frippés sans subir le moindre dommage. Il n'y a donc rien d'extraordinaire dans la conservation parfaite du Linceul de Turin.

Coloration

De toute évidence l'étoffe blanche à l'origine, a jauni.

La double empreinte très estompée d'un corps vu de face et de dos que l'œil non prévenu découvre avec peine, est d'un beau bistre doré.

Les reliefs du corps semblent émerger d'un flou général, comme d'une sorte de brouillard. Les contours ne sont pas délimités.

En de multiples endroits l'on remarque des taches de sang dont la coloration étonne au premier abord. C'est un rose carminé très pâle.

L'on a attribué au Prof. Piédelièvre ce propos critique : « S'il s'agissait de sang sur le Suaire, il aurait viré au vert ». Dans certains cas rares, le sang peut virer au vert, mais le Prof. Piédelièvre n'a pas généralisé un tel

1. Cet usage fut codifié par Saint-Sylvestre Ier (314-335).

jugement ; ni critiqué l'authenticité du Linceul [2]. Le Prof. Dérobert qui a collaboré avec lui de longues années est formel sur ce point [3].

Pourquoi cette coloration qui semble être celle du sang frais ? Nous devons reconnaître qu'aucune explication satisfaisante n'a été proposée à ce jour.

Ce n'est certes pas l'aloétine qui explique cette coloration. Si Volckringer avait observé que l'aloès pouvait virer au rose (pour des empreintes) il n'a jamais indiqué que cela pouvait se produire pour du sang, c'est uniquement l'aloès qui rosit et non le sang. Il serait téméraire de tirer des travaux de Volckringer des conclusions qu'il conteste énergiquement [4].

Vignon de son côté, rendant compte de ses expériences avec du sang, indique qu'aucune réaction aléotique ne justifie le coloris carmin [5].

En 1534 les clarisses de Chambéry ont admirablement noté que l'empreinte était presque aussi visible à l'envers de l'étoffe qu'à l'endroit, et que l'on voyait mieux à travers elle, là où il y avait du sang. Savaient-elles que le sang a la propriété d'agglutiner les fibres constituant les fils de l'étoffe et donc d'augmenter le vide entre les fils constituant le tissu ?.

Traces d'incendies

La coloration des brûlures est très différente.

Les traces antérieures à 1516 (1349 peut-être) sont noirâtres ; leur aspect évoque le contact d'une braise incandescente. Celles de l'incendie de 1532 ont la teinte brune que produit un fer chaud laissé trop longtemps sur une

2. L'article paru dans « Paris Médical » N° 44 - 45, de novembre 1942 et signé par les Prof. Pièdelièvre et Dérobert, tout comme celui dont ils parlent p. 334, ne témoigne d'aucun étonnement relativement à la coloration du sang.

Le Prof. Belot dans les « Annales de Médecine légale » de décembre 1936 atteste lui aussi de son intérêt pour le Linceul qui fut l'artisan de son retour à la foi.

3. L'on consultera avec profit les « *Etudes sur la dégradation du sang de cadavres* » par L. DEROBERT, M. SAINT-PAUL et J. PEILLET (Roma 1973).

4. Voir Jean VOLCKRINGER, « *Le problème des empreintes devant la Science* », éd. Procure du Carmel, Paris, 1942.

5. Paul VIGNON, *Le Saint-Suaire de Turin*, 2e éd., 1939 en note p. 21 et 22.

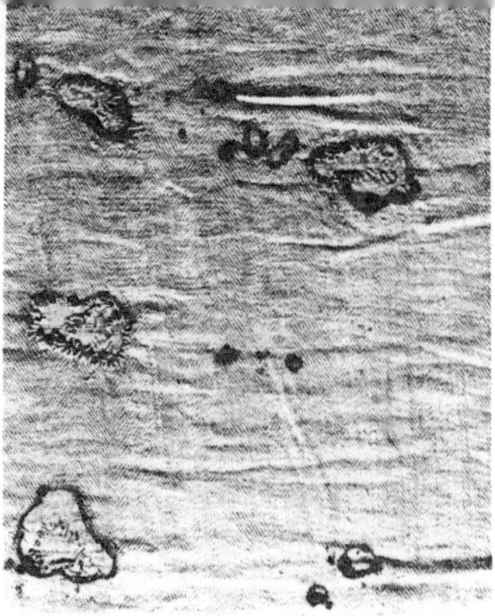

Brûlures antérieures à 1357

étoffe. En l'occurrence, ce fut la châsse d'argent, donnée par Marguerite d'Autriche, surchauffée au point de fondre qui a roussi le tissu tout le long des deux plis de l'étoffe. Sur toute la longueur du Linceul ces plis encadrent la double empreinte du corps providentiellement épargné.

Précisons ici selon le schéma page suivante comment le tissu était plié. D'abord en deux dans sa longueur (A) puis dans sa largeur (B) de nouveau en deux dans sa longueur (C) (c'est ce pli qui a roussi) encore en deux dans sa largeur (D). Enfin le rectangle ainsi formé était replié en trois (E et E') soit au total 48 épaisseurs.

Un angle du paquet d'étoffe ainsi formé fut complètement carbonisé et pour boucher ces trous, des pièces d'étoffe blanche de forme vaguement triangulaire masquent ces détériorations. Dans un autre angle, de l'eau avait été jetée ce qui a provoqué des cernes ; ils forment des rosaces bien visibles sur les bords ainsi qu'au centre : sur les genoux, la poitrine, l'emplacement du sommet de la tête, sur le dos etc. (schéma page 83).

Plis

Au-dessus de la tête, sous la barbe et sous le cou, des lignes horizontales barrent l'empreinte. Elles résultent de menus plis provoqués par l'enroulement du Linceul, cousu sur une doublure de soie rouge et enroulé sur un rouleau lorsqu'il est placé dans sa châsse.

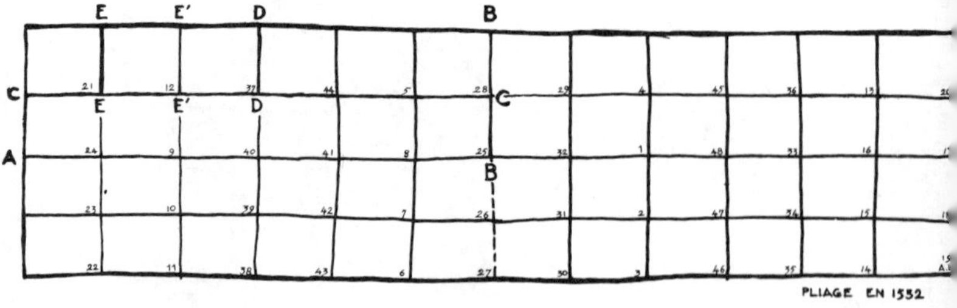

L'usage séculaire était jusqu'en 1933 de rouler le lin à l'intérieur et la soie à l'extérieur. Résultat, cette dernière se trouvait bien tendue, mais la relique elle, était fatalement plissée.

La veille de la clôture de l'ostension de 1933, son Eminence le Cardinal Fossati accepta d'inverser le mode d'enroulement. Lors de l'ostension télévisée de 1973 l'on put constater l'heureux résultat obtenu : les plis du sommet de la tête et du dessous de la barbe s'étaient effacés. Malheureusement après le séjour à Montevergine, ils s'étaient partiellement reformés car l'on avait alors repris le mode d'enroulement antérieur à 1933 et un nouveau pli menaçant de barrer le visage s'était constitué.

En octobre 1978 Monseigneur Ballestrero ayant compris le bien fondé de ce qu'avait fait le Cardinal Fossati lors de l'ostension précédente a comme celui-ci fait rouler la doublure à l'intérieur, ce qui laisse espérer qu'à la prochaine ostension, ces lignes disgracieuses seront atténuées.

Empreinte

Entre les deux traînées de brûlures et leurs réparations qui attirent principalement le regard, c'est avec difficulté que l'œil non prévenu découvre sur la vénérable relique la double empreinte antérieure et postérieure d'un corps.

Plus que d'autres, les médecins habitués à l'examen aux rayons X, et les artistes dont l'œil est entraîné à percevoir les moindres différences de nuances ou de valeurs,

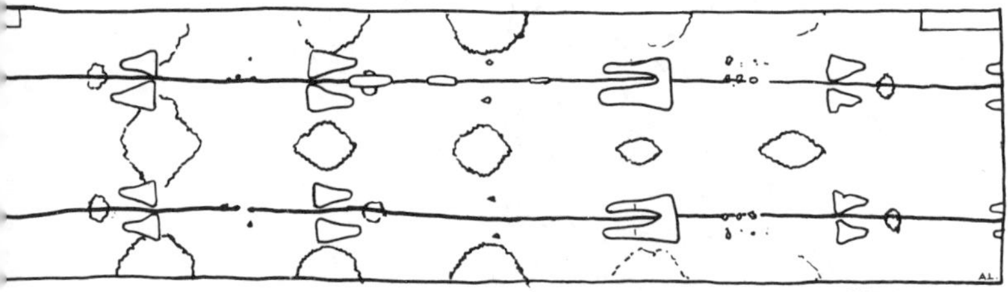

PIECES ET CERNES

sont aptes à comprendre cette image estompée, à l'aspect quasi radiographique qui, par suite du renforcement photographique (nous ne disons pas retouche photographique) est plus lisible sur les photos que sur l'original.

En examinant attentivement en lumière diffuse l'on observe que le brunissement n'est pas superficiel, mais imprègne chaque fil.

Il était souhaitable depuis longtemps [6] que des photos soient prises en lumière très diffuse (sources lumineuses, nombreuses et mobiles si possible) à défaut de la lumière naturelle du jour qui serait idéale. Ainsi les ombres minuscules seraient très atténuées. Le grain du tissu ainsi affaibli et estompé, c'est toute l'empreinte qui tranchant davantage, serait plus lisible encore. Lors de la dernière ostension, le Prof. Gonella fit réaliser des clichés en plaçant un éclairage derrière la relique. En novembre 1973, un spot ayant été braqué sur le Linceul, l'on put observer que malgré sa doublure rouge le Linceul ainsi vu en transparence révélait une empreinte beaucoup plus intense, c'était également le cas pour les empreintes de sueur réalisées sur un tissu de lin qui, vues en transparence étaient nettement plus visibles [6bis].

Disons que plus on examine de près l'image du Linceul,

6. Voir note p. 16 de « *La Passion selon le Saint-Suaire* » par Antoine LEGRAND, 1re éd. 1938.

6 bis. La revue américaine "National Geographic" de juin 1980 donne d'excellentes reproductions en couleur confirmant le point de vue exposé ici. La visibilité est nettement renforcée par transparence.

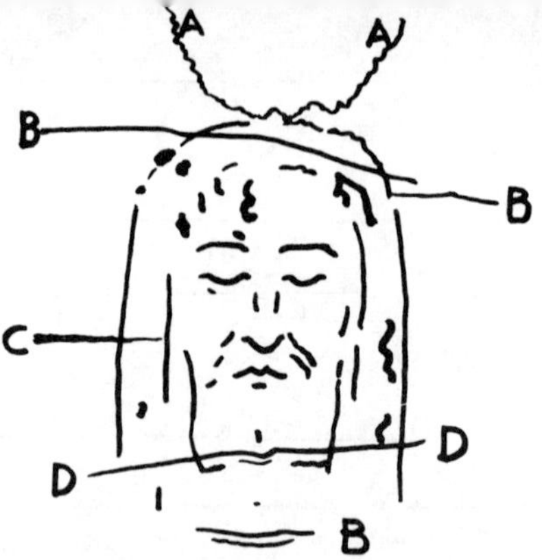

plus elle semble s'estomper. Vu en fort grossissement le flou général de l'empreinte semble s'accentuer encore sans révéler la moindre trace de l'intervention d'une main humaine. Le pinceau, le crayon, l'estompe et même l'application sur un corps humain ou une sculpture sont étrangers à la confection de cette effigie : c'est évidemment le résultat automatique d'un contact et d'une émanation à distance.

L'absence de contours de l'image n'a aucun précédent dans l'histoire de l'art. Il faut arriver au XIXe siècle avec les peintres Turner et Carrière pour rencontrer une peinture vaporeuse, sur laquelle cependant, les coups de pinceau sont aisément décelables.

Un faussaire ?

Lors d'une émission de T.V. le représentant des rationalistes disait que les Byzantins capables de tout, avaient bien pu, avant 1171, confectionner un faux Linceul pour l'exhiber comme une bannière.

Non, nous ne sommes pas en présence d'une œuvre picturale pour la raison très simple qu'un peintre aurait obligatoirement traduit les volumes du corps par des ombres et des lumières. Or, sur l'image de Turin il n'y a aucune ombre.

Bien plus, les spécialistes qui comme moi, ont eu le privilège d'examiner longuement le tissu à la loupe ont cherché en vain des traces d'intervention picturale.

A — Cerne d'eau
B — Plis effacés après 1933
C — Plis nouveaux en 1973
D — Plis antérieurs à 1931

L'estampage d'un corps humain ou d'une sculpture a été envisagée. L'hypothèse est théoriquement possible mais en fait irréalisable. Dans ce cas, seuls les reliefs en contact direct avec l'étoffe peuvent marquer sur celui-ci par des « à-plat ». Les modelés subtils enregistrés par le Linceul écartent absolument la possibilité d'un trucage par contact : une *émanation à distance* a seule été capable de les produire sans déformation.

A l'expérimentation, un élargissement grotesque du visage est inévitable.

Un prestidigitateur américain a objecté qu'un frottis sur un bas-relief très plat peut produire une reproduction de celui-ci. Bien avant lui Stello Lorenzi avait cru m'embarrasser, au cours d'une émission diffusée en direct, en exécutant un frottis sur une pièce de monnaie. Mais c'était là, argument en faveur de l'authenticité, car lorsque vous faites un frottis sur une pièce de monnaie, le crayon passe plus rapidement sur le relief qui marque peu et butte au contraire sur les contours de l'effigie qu'il accuse. Or il n'y a aucun contour sur le Linceul.

Certains journaux ont déclaré qu'un certain Prof Pesce avait obtenu une empreinte analogue à celle du Linceul, en enduisant une statue de bois d'acide sulfurique. L'expérience a été réalisée de longue date, mais ce qu'on oublie de dire, c'est que l'on ne dispose que de quelques minutes pour photographier le résultat, car le tissu est complètement « mangé » au bout de dix minutes.

Mon intime conviction est que l'on ne pourrait pas reproduire une empreinte semblable même si l'on disposait de je ne sais combien de suppliciés préalablement torturés comme fut le Christ.

Tous les hommes qualifiés (et ils sont nombreux) qui ont étudié scientifiquement le Linceul de Turin ont conclu à son authenticité.

L'examen direct du Linceul révèle des coulées de sang et des sérosités qu'un peintre ne pourrait guère imiter tant elles sont ténues et précises.

Loi des distances

Une constatation s'impose, l'empreinte visible sur le Linceul obéit à la loi des distances. Le brunissement très délicatement gradué imprègne chaque fil avec plus d'intensité là où le tissu touchait ou approchait de plus près le corps, l'empreinte étant plus faible en face des parties fuyantes du corps.

L'on est en présence de « reliefs » notés par des « valeurs ». C'est la seule image au monde ayant enregistré ainsi les volumes d'un corps humain et qui ne soit pas constituée d'ombres et de lumières.

Nous sommes donc en présence de « sculpture enregistrée » au même titre que le disque de phono est de la « conserve de sons » [7].

Décodage de l'empreinte

Constater que l'empreinte avait enregistré des reliefs, et n'était pas constituée d'ombre et de lumière comme tous les dessins, peintures ou photo, était certes un fait capital.

Ce qui importait surtout, c'était de tirer les conclusions pratiques de cette constatation et pour cela de trouver un moyen capable de restituer les reliefs qui étaient en quelque sorte codés sur l'étoffe.

7. Extrait de Antoine LEGRAND, *Le Saint-Suaire témoigne comment est mort le Christ* » 1re éd. 1952 et de « *Le Linceul de Jésus* », éd. Apostolat des éditions, (35e mille, *épuisé*) remplacé par : Antoine Legrand, *Le Linceul commenté* (32 pages couleurs), éd. Saint-Paul.

Le premier à s'attaquer à cette tâche fut Gabriel Quidor qui avait été en 1900 premier Grand prix de Rome de Gravure. Ce précurseur déposait le 4 juin 1913 à *l'Office national de la Propriété industrielle* un « Procédé de Photo-Sculpture permettant d'obtenir sans retouche, d'après une empreinte, par projection orthogonale (de vapeurs ou d'un fluide rayonnant quelconque émis par le cadavre) sur un Linceul, la figure en relief exactement proportionnée, du corps qui y fut enseveli ».

Quidor avait intéressé à son idée Edouard Belin qui, enthousiasmé par son projet, lui proposa un contrat d'association pour l'exploitation de leurs communes inventions. Mais Quidor, artiste désintéressé, qui ne voulait que faire connaître la Face du Seigneur refusa. Sans ce refus peut-être son nom joint à celui de Belin serait-il lui aussi universellement connu des téléspectateurs.

La photo tridimensionnelle

Ce n'est qu'en 1973, sur des bases nouvelles qu'un technicien, français lui aussi, Paul Gastineau, conçut un appareil qui, en avril de l'année suivante, traduisit en relief la Face du Christ empreinte sur son Linceul qui devint ainsi « palpable ».

Les images obtenues ne résultant pas du jeu de la lumière, leur traduction en reliefs n'a rien de commun avec l'hologramme ou le célèbre V.P.8 qui ne donnent qu'une illusion visuelle du relief sans toutefois réaliser concrètement celui-ci. Seules les images du Linceul, résultant d'une projection orthogonale, obéissent à la loi des distances et de ce fait, sont capables d'être automatiquement traduites en relief véritable.

L'appareil inventé par Paul Gastineau explore et analyse ligne par ligne une photo du Linceul. Un rayon lumineux capte électroniquement le signal perçu pour créer dans un appareil à aimant une force électromotrice qui entraîne un stylet creusant simultanément dans une manière tendre un sillon plus ou moins profond, correspondant à l'intensité de l'empreinte du Linceul.

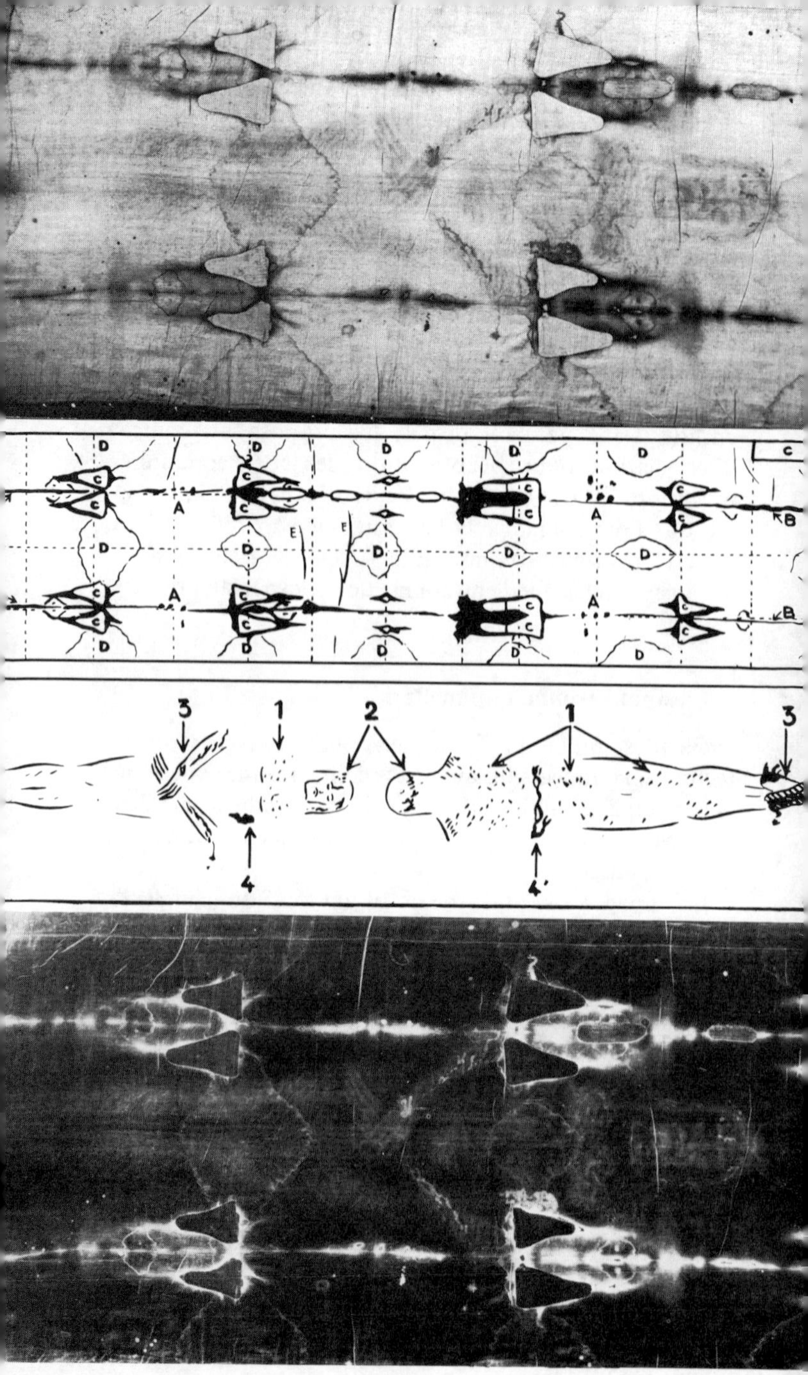

A
B
C
D
E
1
2
3
4
4'

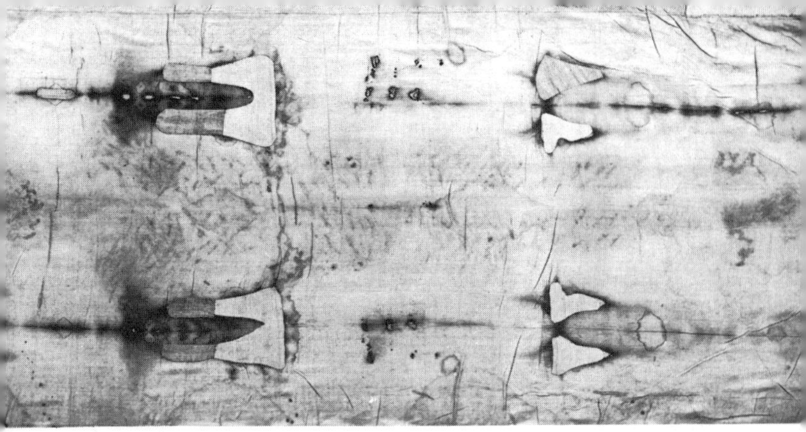

Plié en 48 épaisseurs lors de l'incendie de 1532, le bord du paquet ainsi formé fut roussi par la chaleur provoquant deux lignes brunâtres. Les trous des angles carbonisés furent bouchés par des pièces de tissu (C) symétriquement placés de chaque côté des deux lignes des brûlures (B). L'eau jetée a laissé des cernes (D).

*1. **Flagellation** - Traces sur la poitrine et le dos jusqu'aux mollets.*
*2. **Couronne d'épines** - Coulées de sang sur le front et dans les cheveux à la nuque*
*3. **Crucifiement** - Des poignets troués, le sang s'est répandu sur les avant-bras ; les pieds sont perforés.*
*4. **Coup de lance** - Blessure au côté droit donnant naissance à des traînées sanglantes, sur la poitrine et sur les reins.*

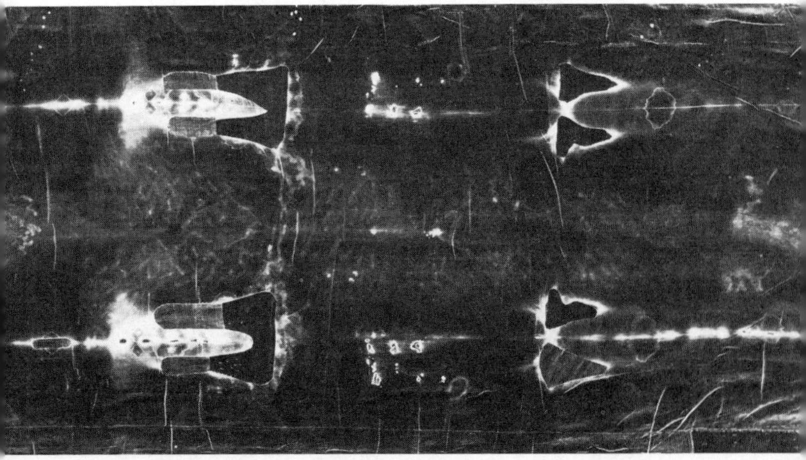

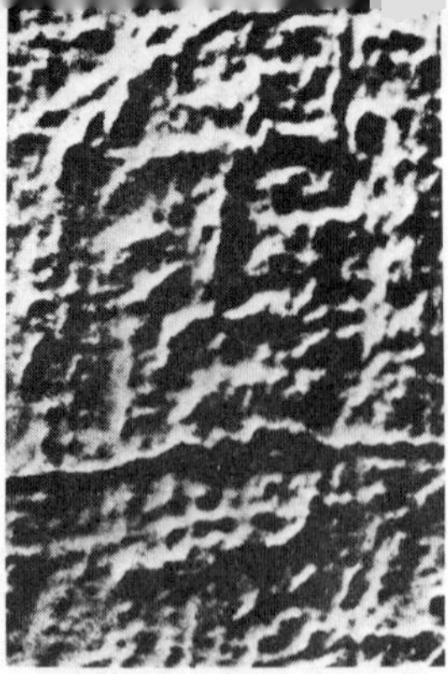

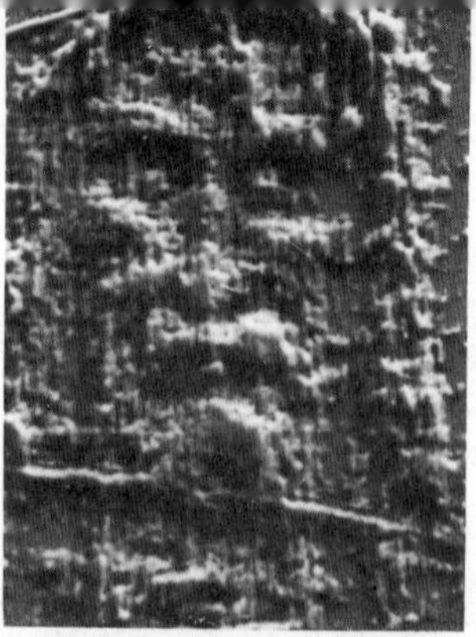

Trop modeste, l'auteur garda pour quelques spécialistes le résultat probant qu'il jugeait trop médiocre.

En septembre 1978 en prenant connaissance des résultats obtenus après lui par les Américains de la N.A.S.A. et par Tamburelli, il m'écrivit : « Je pense que l'image n° 1 de Tamburelli est assez proche du bas-relief que j'ai obtenu. Par contre, le traitement pour obtenir un visage idéalisé est un travail artistique, factice. » La logique voudrait que les taches obtenues sur la seconde épreuve ne soient pas du sang puisqu'elles sont effacées sur l'épreuve n° 3 qui malgré l'estompage de l'ensemble de l'image laisse subsister le sang de la coulée du front.

Lors du Congrès scientifique de Turin j'ai montré à Eric Jumper et à John Jackson la médaille en relief réalisée en matière plastique par Gastineau. Ceux-ci furent surpris du résultat obtenu par l'appareil français d'un pas plus fin que le leur, constatèrent-ils.

La presse et la télévision ont amplement, à juste titre, rendu hommage aux travaux de trois jeunes savants américains. Le Docteur John P. Jackson, professeur à l'Académie des Forces Aériennes des Etats-Unis, fasciné par l'image de la Sainte Face a écrit : « Je ne peux pas m'en détacher ».

Non seulement il ne s'en est pas détaché mais il a réussi à faire partager son enthousiasme à toute une équipe de techniciens de la N.A.S.A.

L'un d'eux raconte : « Pendant trop d'années de ma vie le Christ fut un inconnu pour moi... Un jour à Los Angeles, je tombai sur un livre qui portait sur la couver-

Images tridimensionnelles de Jackson de la N.A.S.A. en 1978 (à gauche) et de Paul Gastineau, en 1974 (à droite)

ture un visage qui me bouleversa. C'était le Christ du Sindon. Qui aurait pu dire que je trouvais le Seigneur à travers les recherches entreprises sur le Saint-Suaire avec quelques collègues de la Nasa ? Je suis vraiment un converti, par le Sindon » [8].

A l'aide des appareils très perfectionnés dont ils disposaient à l'Académie militaire du Colorado, John Jackson professeur, et Eric Jumper, spécialiste d'aérodynamique, constatant que l'empreinte contient des informations sur le relief du corps enveloppé ont réalisé de nombreux décodages de ce relief grâce à l'analyseur d'images V P 8, utilisé pour traduire en relief les photographies de la lune.

Si l'on soumet un portrait photographique à cet appareil le résultat est décevant. Le résultat est fascinant avec une photographie du Linceul.

Dans le film « Le témoin silencieux » Eric Jumper, fort beau garçon, met sa photo dans l'appareil et conclut avec humour : « Ma mère aurait du mal à me reconnaître n'est-ce-pas ? ». La raison en est simple : une photo ordinaire n'enregistre que les variations de lumière, sans tenir compte de la distance entre le sujet et l'appareil, il en sera différemment avec une photo du Linceul et le spectateur le plus blasé, ne peut s'empêcher d'admirer le visage souverainement calme et majestueux de celui qui n'était certainement pas un crucifié quelconque mais le

8. Cité par D. RINALDI, de New-York in supp. « *La Stampa* », Torino 27 agosto - 8 ottovre 1978, p. 33.

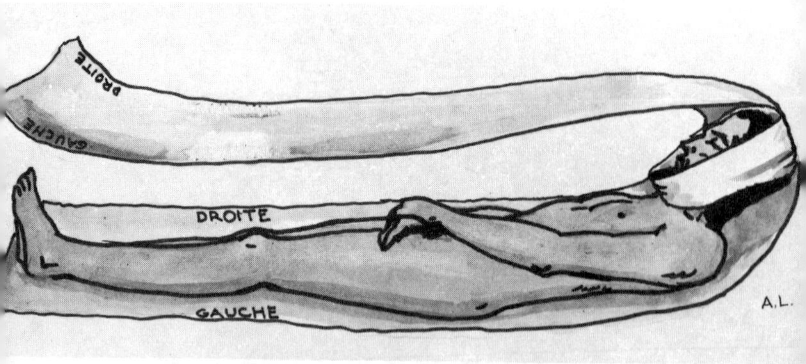
DROITE
GAUCHE
DROITE
GAUCHE
A.L.

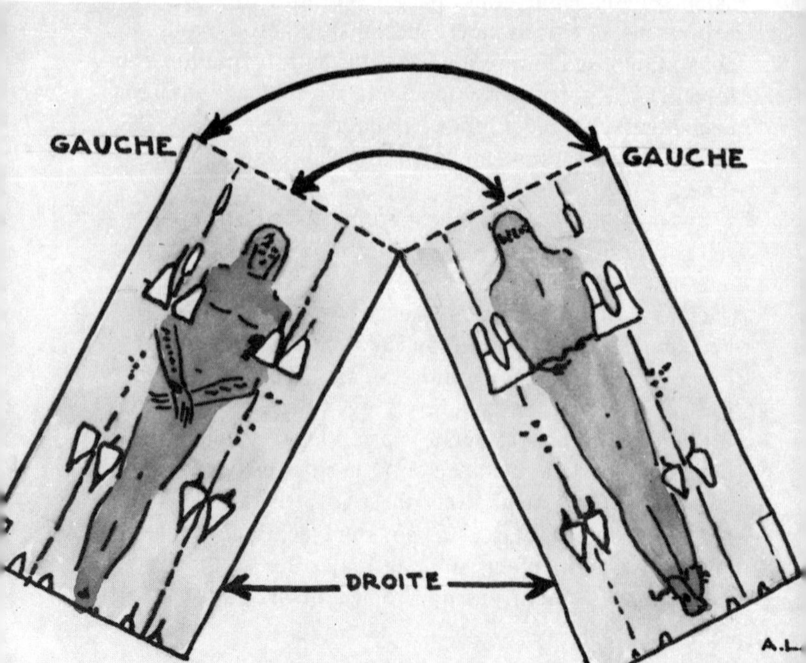
GAUCHE
GAUCHE
DROITE
A.L.

Crucifié qui depuis des siècles continue à attirer le monde à lui.

Jackson explique la différence de résultat entre la photo de Jumper et celle du Linceul, « par l'existence d'une corrélation entre l'intensité du relief sur l'empreinte et la distance qui révèle l'image tridimensionnelle. »

Qu'il nous soit permis, sans chauvinisme, de constater que les Français furent les précurseurs de la tridimensionnalité du Linceul.

Notion de droite et de gauche

Comme nous le verrons (en détail page 179) au chapitre de l'ensevelissement, le corps fut couché sur la moitié d'un drap dont l'autre partie passant par-dessus la tête fut rabattue sur le devant du corps.

Tenant compte de ce mode d'enveloppement du corps il ne sera peut-être pas superflu d'indiquer que lorsque l'on regarde l'empreinte antérieure, le côté droit du corps se trouve à droite du spectateur (comme s'il se regardait dans un miroir). Par contre, sur l'empreinte dorsale, la droite du corps se trouve à main gauche de celui qui regarde.

Notons également, que la photo négative fait passer la droite à gauche et vice-versa.

Pour plus de clarté, au cours de cet ouvrage nous ne référons jamais la droite et la gauche aux empreintes mais au corps lui-même.

Causes de l'empreinte

Hypothèse du Pr Vignon

Comment les empreintes se sont-elles formées ? Telle est la question cruciale.

Selon le Prof. Paul Vignon le corps avait dégagé suffisamment de carbonate d'ammoniaque (provenant de l'urée) pour que celui-ci au contact de l'aloès ait réalisé une réaction chimique capable de produire un brunissement de l'étoffe. Cette hypothèse est aujourd'hui dépassée. Il est exact que le carbonate d'ammoniaque réagit sur un tissu semé de poudre d'aloès et y produit une empreinte. Mais il y a déjà bien des années Jean Volckringer a prouvé que le dosage de carbonate d'ammoniaque contenu dans le corps humain était nettement insuffisant pour produire un tel résultat. D'autre part, il semble bien que l'on avait confondu l'aloès médicinal (*aloès socotrin*) avec *l'agalloche* qui était le bois aromatique que les juifs brûlaient lors des ensevelissements. Les Evangiles parlent d'un mélange de 100 livres de parfums — correspondant à environ 33 de nos kilos. Ce poids à première vue paraît trop considérable, s'il s'agit d'arômates pulvérisés ou dilués dans une substance huileuse. Mais cette quantité devient très acceptable s'il s'agit de myrrhe et de bois d'aloès destinés à être brûlés.

Cet usage sera expliqué plus loin au chapitre de l'ensevelissement.

Si l'hypothèse de carbonate d'ammoniaque réagissant sur l'aloès doit être écartée, la constatation que l'empreinte du Linceul obéissait à la loi des distances a

été confirmée, bien au contraire par le test du décodage et c'est un des grands mérites de Paul Vignon que de l'avoir mise en évidence.

Vignon avait lui-même révisé sa thèse à la fin de sa vie. Je proposais alors une autre hypothèse, pleinement compatible avec la loi des distances et l'obtention d'images tridimensionnelles.

Vignon concluait son chapitre sur l'aloès par ces lignes qui prouvent son ouverture d'esprit : « L'authenticité du Suaire n'est pas liée au triomphe d'une thèse explicative. Si les brunissements ne sont pas matériellement faits d'aloès oxydé, ils sont donc faits d'autre chose, l'essentiel est qu'ils soient là avec les caractères que l'œil et la photographie leur découvrent » [9].

Hypothèse d'image par fulguration

La réalisation d'une empreinte par fulguration n'est pas une idée neuve. Déjà en 1902, Arthur Loth [10] après Monsieur de Bourgade La Dardye [11] avait envisagé une telle possibilité avant d'écarter l'idée « d'une action électrique, d'une photographie photofulgurale ou d'une phénomène de radiation » [12]. Geoffroy Ashe en 1966 [13] a repris à son compte l'hypothèse que le corps de Jésus avait pu au moment de la Résurrection dégager une chaleur telle que le Linceul en aurait été roussi. En mars 1977 Ray Rogers émit l'idée d'une photolyse éclair, d'une durée d'un millième de seconde.

C'est là semble-t-il vouloir créer un miracle inutile.

Une telle transformation du corps aurait été capable de détruire le tiers de la planète, a affirmé un célèbre physicien français.

Et comment la chaleur ainsi produite n'aurait-elle pas provoqué un roussissement d'une tonalité uniforme seu-

9. Paul VIGNON, *Le Saint-Suaire de Turin.*

10. Arthur LOTH, *La Photographie du Saint-Suaire*, p. 90.

11. Arthur LOTH, *Le Portrait de N.S. Jésus-Christ*, p. 66.

12. DE BOURGADE LA DARDYE, Revue Scientifique du 30 Août, 1902. Voir également de M.A. POEY, directeur de l'Observatoire de la Havane sa « *Relation historique et théorie des images photo-électriques de la foudre* ».

13. *What Sort of Picture ?* « Sindon », n° 10, avril 1966, p. 15 - 19.

lement capable de constituer une silhouette sans aucun modelé. Il aurait fallu que la chaleur roussissante du corps soit plus élevée là où il était en contact direct avec l'étoffe et d'une intensité moindre là où il était plus éloigné d'elle.

Enfin comment le sang aurait-il été reporté par fulguration avec la coloration qui lui est propre et qui est nettement différente de ce que pourrait produire la fulguration.

Le 7 avril 1979 lors du débat télévisé, le Prof. Jammet a déclaré : « Vous parlez de fulguration, en employant des mots très savants, on ne connaît pas actuellement d'émissions radiantes provenant du corps humain et susceptibles d'impressionner un tissu en y laissant des images sinon cela se saurait ».

Si nous écartons la réalisation de l'empreinte par l'action du carbonate d'ammoniaque ainsi que sa production par fulguration quelle explication proposer ?

Comment cette empreinte s'est-elle produite ? Quand a-t-elle été visible ? *Pourquoi Jean* qui décrit la position du Linceul affaissé sur lui-même et contenant la mentonnière restée enroulée *ne parle-t-il pas d'empreinte ?*

Ne serait-ce pas tout simplement parce qu'il n'y avait pas d'empreinte visible ?

Cause : la déshydratation

Pour résoudre ces diverses questions, il suffit de se baser sur les faits suivants :

1° Tout cadavre, se déshydrate pendant un certain nombre d'heures après la mort. Les médecins légistes sont d'accord sur ce point. J'ai constaté personnellement, lors d'une autopsie où une partie du corps avait été enveloppée de ouate, que celle-ci était humidifiée, alors que la peau restée à nu était sèche. Le même fait est constatable lorsque l'on place un cadavre dans une enveloppe de plastique. Au bout d'un certain nombre d'heures l'humidité émise par le corps se condense sur cette enveloppe.

Brunissement dû à la sueur sur un tissu de lin (expérience de 1938)

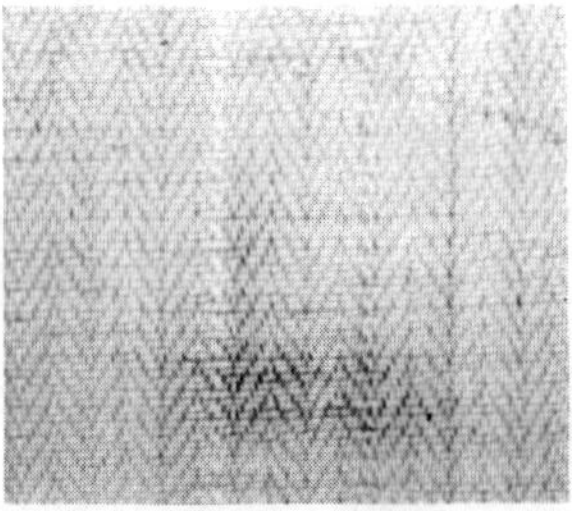

Cette déshydratation doit cesser lorsque la décomposition commence, mais continue lorsque le corps est embaumé (cas du P. Brottier) ou que le cadavre se conserve (cas de Saint Charbel Makhlouf).

2° Ce qui importe avant tout de savoir, c'est que le liquide émané ainsi du corps mort a une composition chimique analogue à celle de la sueur du vivant.

Comme il est plus facile de recueillir de la sueur des vivants que le liquide émis par des cadavres dont on dispose plus difficilement, il sera facile à tous de contrôler les expériences réalisées.

Expérimentation

Sur une étoffe de lin tissée en Palestine en 1934 sous les yeux de mon regretté ami Georges Porché, étoffe blanchie non chimiquement mais par des procédés artisanaux, séculaires, j'ai, en juin 1938, appliqué un peu de ma sueur. Pendant des semaines, puis des mois, enfin plus de deux ans, rien ne distinguait l'endroit où la sueur avait été déposée du reste de l'étoffe.

Visibilité de l'empreinte

Ce n'est qu'en 1941, soit trois ans après cette expérience, que j'ai constaté un brunissement de même coloration et de même intensité que l'empreinte du Sindon, là où il y avait eu de la sueur.

Voile posé sur le visage de Saint-Charbel Makhlouf

Nous avions là une explication simple et rationnelle des empreintes, dispensant de chercher d'autres interprétations des images du Saint Linceul, recherches qui pourraient paraître plus scientifiques mais basées sur des combinaisons hypothétiques, sur des présupposés chimiques ne pouvant que faire illusion en jetant de la poudre aux yeux.

L'expérience faite fut confirmée ensuite par mon ami Jean Volckringer qui remarqua fortuitement les traces laissées, longtemps après, par la sueur sur un gilet de corps en flanelle, resté dans une armoire sans être lavé.

L'empreinte obtenue naturellement ainsi que nous venons de le voir, est indélébile et résiste lors du lavage à l'action des détergents les plus modernes.

Mgr Barnes estime lui aussi, que l'on peut obtenir des empreintes uniquement par action sudorale sans l'emploi d'aromates. A l'appui de cette opinion, il cite, dans son livre [14], le cas d'un voile de noces (porté une seule fois il y a plus d'un siècle, puis plié et conservé) : les endroits brunis indiquent nettement l'emplacement du front et du nez ainsi que celui où la main de la mariée l'avait saisi.

Le professeur Bulst cite dans son livre sur le Suaire de Turin [15] l'exemple du linceul d'un martyr dont le Dr Volbach du musée de Mainz lui a montré une photo.

Le cas du voile d'Antinoë exposé par Gayet au Musée Guimet est plus complexe. Les traces du visage du mort

14. Arthur BARNES, *The Holy Shroud of Turin*, London, 1934.

15. Werner BULST, *Das Grabtuch von Turin* (2e éd.), édition Verlag Joseph Knecht à Francfort-sur-le-Main.

sur quatre épaisseurs de tissu sont-elles dues à la déshydratation ou à l'action des arômates ? La pièce étant restée inaccessible malgré les recherches faites pour la retrouver, l'on ne peut que la citer pour mémoire.

Un dernier exemple mériterait une étude plus poussée : l'image de Saint Charbel Macklouf sur un linge posé sur son visage, longtemps après sa mort survenue en 1898. De la sueur recueillie sur son corps avait été remise au Docteur Fredoux, mais afin de ne pas l'influencer nous l'avions laissé dans l'ignorance de l'origine du liquide qu'il avait à analyser. Il décela que le liquide qui avait produit une action sur le voile posé sur le visage du saint était d'origine sudoripare [16].

La preuve était faite qu'un corps, celui de Jésus, avait pu laisser son empreinte sans le concours d'aromates, par simple déshydratation et que cette empreinte n'avait été décelable que longtemps après la Résurrection.

Il est à noter que la visibilité de l'empreinte est considérablement renforcée lorsque l'on place un éclairage derrière l'étoffe.

Le matin du 14 novembre 1973, malgré la présence de la doublure rouge, un spot a permis de constater qu'il en était de même pour le Saint Linceul.

De ce fait, il est permis de conclure que des photos du Linceul en transparence doivent permettre d'obtenir une lisibilité plus grande de l'empreinte ainsi renforcée, comme le montre un court passage du film « Le Linceul

16. L'analyse du Docteur M. Frédoux faite le 10 août 1952 en microchimie a révélé que le liquide analysé provenait d'une sécrétion de glandes sudoripares.

du Christ » réalisé avec le concours de mon ami biologiste, le Docteur Jacques Galimard [17].

Jadis Volckringer a démontré qu'il n'y avait pas assez de carbonate d'ammonium dans le corps humain pour provoquer une réaction aloétique, mais il a découvert dans de vieux herbiers des empreintes traductibles en trois dimensions dues à la déshydratation des plantes ayant attaqué la cellulose du papier [17 bis].

Ballone dit : « on doit tenir compte que très précocement après la mort s'opère une acidification des humeurs des tissus du cadavre ». De nombreux et éminents médecins français se sont ralliés à l'hypothèse de l'image résultant de l'émanation post-mortem de sueur.

Cette hypothèse présente plusieurs avantages :

1° Elle est simple, ne cherchant pas des réactions chimiques compliquées et de ce fait facilement contrôlable par tous.

2° Elle explique le silence des évangiles relativement à l'empreinte (puisqu'elle n'a dû être visible que bien plus tard).

3° Elle présente une similitude de coloration et d'intensité avec les empreintes du Linceul, et (comme pour lui) d'être visuellement accentuées lorsqu'elles sont vues en transparence.

4° Elle indique comment, grâce aux émanations du cadavre le sang déjà séché sur lui avait pu grâce à la réhumidification provoquée ainsi, se reporter entre les fils du Linceul.

Dans les Actes du Congrès de Turin le Prof. Luigi Fossati accorde une place de choix à cette théorie.

Mensurations du corps

Il ne suffit pas de prendre des mesures directement sur le Linceul pour connaître les mesurations du corps. Il est indispensable de tenir compte des déformations provo-

17. Film ayant obtenu le premier prix au Concours international du film religieux d'amateur à Leria en 1968.

17 bis. Le Prof. américain Pellicori attribue lui aussi le brunissement du Linceul à l'action des humeurs corporelles.

quées par l'enveloppement du corps. Sans cette précaution l'on arriverait à conclure comme l'a fait le sculpteur italien Ferri à une stature de 1,87 m, ce qui est nettement exagéré. Mais il ne faut pas non plus surestimer les courbes du tissu sur le corps les évaluant sans contrôle sur le vivant. Cette méthode a conduit Mgr Ricci à ramener la taille de Jésus, lors de sa première estimation à environ 1,60 m.

Comme bien souvent la vérité se trouve entre les extrêmes. Pour parvenir à une évaluation exacte de la stature du Christ, il est indispensable de procéder avec le modèle vivant. Pour reconstituer les ondulations du Linceul sur le corps, il suffit d'envelopper des hommes de diverses tailles dans des décalques aux mensurations exactes du Linceul, on constate alors comme l'ont fait indépendamment les uns des autres le Prof. P. Vignon, le Dr P. Barbet, G. Cordonnier et moi-même que seuls des hommes de 1,78 m correspondaient parfaitement aux images du Linceul. La marge d'erreur possible ne doit pas excéder deux centimètres. C'est donc la taille de 1,78 m que l'on doit attribuer au Christ.

La tête est contenue 7 fois 1/2 dans la hauteur du corps. L'harmonie des proportions fait l'admiration des artistes.

Anthropologie

L'homme du Sindon n'avait pas du tout une taille exceptionnelle dans le monde juif de l'époque. Dans les régions où le groupe ethnique sémitique a gardé ses caractères, tel le Yémen, des individus de 1,78 m se rencontrent très fréquemment. Le Prof. Baïma Bollone confirme ce constat.

L'ethnologue américain Carleton Coon estime que le type de l'homme du Suaire répond à celui des Hébreux séphardites mais ceux-ci ne sont pas des sémites aussi purs que les yéménites appartenant à un peuple qui n'ayant jamais été conquis par d'autres et n'ayant pas importé de prisonniers étrangers a conservé sa pureté primitive. C'est au type yéménite que s'identifie parfaitement l'empreinte du Linceul.

Au temps où je voyais là une objection, le Prof. Leroi-Gourhan me fit remarquer que loin d'être une objection contre l'authenticité de la relique conservée à Turin, mes conclusions équivalaient à dire : cet homme est un sémite beaucoup plus pur que ne pouvaient l'être bien des juifs contemporains du Christ du fait que jadis leurs ancêtres avaient mêlé leur sang à celui des égyptiens, des babyloniens, des hittites (desquels ils avaient hérité ce que nous appelons le « nez juif ») etc, et plus récemment avec les romains et les grecs.

Poursuivant les investigations au Laboratoire d'anthropologie du Museum d'Histoire Naturelle un savant connu, le Prof. Lester m'a précisé que non seulement il n'avait aucune objection à formuler contre le type sémite de l'empreinte, mais que le Linceul était le seul document scientifique certain permettant l'étude anthropologique des juifs d'avant la dispersion consécutive à la prise de Jérusalem par Titus.

Report du sang

Il n'y a pas que des empreintes sur le Linceul, il y a également des décalques sanguins.

L'observation des Clarisses de Chambéry « nous voyons les plaies comme si nous eussions regardé à travers une vitre » est très importante. Comme l'a remarqué mon ami Georges Porché il s'agit donc bien de sang, car lorsque l'on regarde en transparence un tissu sur lequel il y a du sang, celui-ci ayant agglutiné les fibres de l'étoffe, rend celle-ci plus transparente là où il se trouve.

Chacun sait que du sang sec ne laisserait aucune marque et que le sang liquide s'étale dans les fils de l'étoffe comme la tache d'encre sur le buvard.

Comment ces reports sanguins aux contours si précis se sont-ils réalisés ?

Pour éviter des redites, c'est au chapitre Résurrection que nous examinerons ce problème capital.

Je me bornerai ici à décrire ce que j'ai observé en novembre 1973 lorsque le Cardinal Pellegrino a bien voulu m'autoriser à examiner le Linceul avec les experts nommés par lui.

Au sujet de la coloration du sang, « j'ai remarqué [18] une différence depuis l'ostension de 1933.

On ne peut plus voir d'une façon appréciable, sur les taches de sang (vues à la lumière des lampes) la teinte rose carmin décrite par différents auteurs. Cette différence me semble tenir au fait que l'examen précédent avait eu lieu sur les degrés extérieurs de la Cathédrale donc à la lumière solaire ».

M. J.B. Judica a alors été invité à illuminer le Linceul avec une lampe Osram Mitrophot d'une puissance de 3.200 W, la dite tonalité s'est immédiatement manifestée « ceci peut expliquer la différence de description des différents auteurs et aussi le fait que les mêmes observateurs peuvent avoir rencontré des différences de la tonalité chromatique ».

Autre observation importante faite à la loupe en fort grossissement : il ne semble pas qu'il y ait eu sang *sur* le Linceul mais *dans* celui-ci. Les reliefs des grains du tissu sont moins colorés que l'entre-fils. Le Dr Galimard a lui aussi catégoriquement constaté le fait qu'il n'y a pas de sang *sur* le tissu, ni de coloration superficielle. Nous n'avons pas été le jouet de notre imagination, car c'est le contraire que nous nous attendions à enregistrer. Je m'attendais à trouver du sang sur les reliefs du tissu et là, il n'y en avait pas alors que je ne pensais pas en trouver dans l'entre-relief (si je puis ainsi m'exprimer) et c'est là que j'ai vu la coloration rosée [18 bis].

Répartition des traces sanglantes

De nombreuses marques sanglantes sont nettement

18. Extrait de Rapport Verbal des travaux d'expertise, Supplément de la Revue Diocésaine de Turin, janvier 1976.

18 bis. Cette observation de la *présence de sang*, non *sur* les reliefs des fils mais *entre* les fils, s'est trouvée confirmée pour les travaux des savants américains dont les rapports seront prochainement publiés. Cette présence est attestée par les macrophotographies de 5 cm × 5 cm reproduites p. 742 du n° de juin 1980 du « National Geographic » agrandissant 32 fois des portions du Linceul de 9 millimètres de côté.

visibles sur la double empreinte du corps, (et en dehors d'elle au coude droit et par côté de la plante du pied droit notamment). Ces traces proviennent visiblement :

d'une flagellation
d'un couronnement d'épines
d'un crucifiement
d'une plaie au cœur.

3
Le Linceul raconte la Passion

Reconstitution de Police Judiciaire

Cette étoffe porte la trace d'une histoire, nous la traiterons comme on le ferait avec une quelconque pièce à conviction, destinée à être comparée avec les récits des témoins d'un crime afin de confirmer ou d'infirmer les témoignages et éventuellement de les éclairer ou de les compléter, en apportant des éléments nouveaux.

Traiter ainsi le Linceul du Christ, relique vénérable, au premier chef n'est pas lui manquer de respect ; si Dieu a permis qu'il parvienne jusquà nous n'est-ce-pas pour que nous en scrutions objectivement la lumière.

Outre l'examen du tissu, sa provenance et son âge, la façon dont l'empreinte qu'il a reçue s'est produite, nous pourrons rechercher la race et l'aspect physique de celui qui y reposa mort pendant quelques heures.

Nous devrons surtout éviter des déductions apparemment séduisantes mais non contrôlées et ne nous attacher qu'aux faits tangibles et palpables.

La méthode employée sera celle pratiquée à la Police Judiciaire : sur un mannequin ou mieux sur un modèle vivant l'on reporte les indications fournies par la pièce à conviction afin de faire un repérage anatomiquement précis des blessures.

Ainsi grâce à des modèles vivants nous pouvons reconstituer l'enveloppement du corps dans le Linceul et sa position qui était très voisine de celle d'un homme dans un hamac. En effet si un homme est étendu, la nuque posant directement sur le sol, la distance du menton à la poitrine sera plus importante que dans l'attitude debout. Si apparemment le Linceul restitue cette position, c'est qu'une cale d'environ dix centimètres était placée sous la tête rapprochant ainsi le menton de la poitrine, corrigeant ainsi l'aspect de tête renversée qu'aurait normalement le corps étendu à plat (voir illustration p. 185).

L'enveloppement du modèle vivant nous révélera que des liens placés par-dessus le Linceul maintenaient celui-ci latéralement en double épaisseur en deux points précis : à la hauteur des coudes et des pieds.

Enfin une déformation du modelé, du côté droit de la poitrine révèle un enveloppement latéral de celle-ci. Mais ce sont surtout les blessures enregistrées par le Linceul, qu'il faudra reporter sur le corps d'un homme de même taille (1,78 m) et de même corpulence (tour de poitrine voisinant un mètre) pour localiser les blessures avec une très grande précision.

Ces localisations permettront au cours des pages qui vont suivre de reconstituer les divers instruments de supplices employés, l'emplacement exact des blessures qu'ils ont occasionnées et même dans certains cas renseigner sur diverses positions du supplicié ou de ses bourreaux par rapport à lui.

Confrontation avec l'Écriture

Ce qui retiendra surtout l'attention, c'est la concordance absolue des témoignages scripturaires des Evangélistes sur la Passion de celui dont ils étaient les contemporains avec ce que nous voyons sur le Linceul où il a lui-même écrit avec ses sueurs et son sang le même récit afin que nous aussi nous devenions en quelque sorte des témoins oculaires.

La voix des Prophètes venant du lointain des âges trouve son écho à Turin. Nous, hommes du XXe siècle pouvons en regardant les photographies du Linceul contempler et toucher du doigt la réalisation de ce qu'ils avaient annoncé.

Ne tombons pas dans l'erreur du concordisme, ce qui serait ridicule, mais nous sommes bien contraints de constater que des récits comme ceux de l'évangéliste Jean ne sont pas seulement théologiques. Ils sont cela certes, mais ils sont d'abord les récits d'un témoin oculaire très précis et scrupuleux, qui ne fabule pas, et dit seulement ce qu'il a vu. « Celui qui a vu témoigne, et véridique est son témoignage et Celui-là sait qu'il dit vrai, pour que vous aussi vous croyiez » [1].

Nous aussi, après avoir contemplé tout ce qui est enregistré sur le Linceul, nous pouvons avoir confiance à la fois dans le témoignage qu'il nous révèle au XXe siècle et (sans les confondre en les laissant chacun sur leur plan propre) dans les récits rédigés après la mort de Celui dont maintenant nous allons reconstituer la Passion.

1. Jean 19, 35.

Flagellation

Quant à Jésus après l'avoir fait flageller... (Matt 27, 26) ;

Il livra Jésus après l'avoir fait flageller (Marc 15, 15) ;

Je le relâcherai après l'avoir corrigé (Luc 23, 22) ;

Pilate prit Jésus et le fit fouetter (Jean 19, 1).

Le Linceul comblera par un luxe de détails le laconisme des évangélistes sur le supplice de la flagellation enduré par Jésus.

Tout d'abord observons quelles parties du corps furent atteintes.

L'image postérieure du corps est mouchetée de multiples taches sanglantes. Elles se répartissent depuis le haut du dos jusqu'au bas des mollets.

Au devant du corps des marques semblables sont visibles sur la poitrine mais je suis obligé d'affirmer contrairement à l'opinion d'auteurs n'ayant pas eu l'avantage d'examiner le Linceul directement qu'il n'y a aucune trace de flagellation sur le ventre ni sur les avant-bras. Ce sont, je pense de menus plissements du tissu qui ont été à l'origine de ces interprétations erronées faites sur des photos ou l'aide de la couleur faisait défaut.

Attitude

La tradition veut que Jésus ait été lié à une colonne, mais les estimations ont varié sur la hauteur de celle-ci. A l'église Sainte-Praxède à Rome, l'on voit une colonne de 70 cm de haut dont maints artistes se sont inspirés pour représenter la flagellation. Sans vouloir discuter de son authenticité douteuse, il faut remarquer parmi les plus anciens témoignages celui de Paula datant de 385 : « Elle monta à Sion... On montrait là une colonne soutenant un portique de l'église [2] teinte du sang du Seigneur, où dit-on il fut lié durant sa flagellation [3]. »

Pour Jésus il est évident que la flagellation n'eut pas lieu dans la prison des grands prêtres (Saint-Pierre-in-Gallicante) mais à la résidence de Pilate au Lithostrotos. Il est vraisemblable que les condamnés étaient immobilisés d'une manière identique dans ces deux lieux.

Si Jésus avait été lié courbé sur une colonne basse, les bras auraient partiellement protégé la poitrine (où nous ne verrions que difficilement des traces de blessures). Par contre les avant-bras et le ventre auraient été atteints. Or, ils ne l'ont pas été. L'hypothèse que Mgr Ricci avance sur ce point n'est pas justifiée. Ian Wilson note justement que « l'imagination ne doit pas primer l'observation ». Par contre lorsqu'un homme est lié les bras élevés, que ce soit à une colonne ou contre un mur, non seulement il se trouve immobilisé offrant aux coups toute la partie postérieure de son corps mais la face antérieure de son corps adhérant au support auquel il est attaché se trouve à l'abri des coups seulement à partir de la région stomacale. Il n'en est pas de même de la poitrine qui dans cette attitude se trouve éloignée du support ce qui permet aux coups donnés de revers de venir le blesser.

L'analyse minutieuse de la localisation des blessures dues à la flagellation et enregistrées par le Linceul conduit donc à dire que la victime était attachée *face à une surface verticale, à laquelle ses bras élevés étaient attachés*. Si les poignets sont liés ensemble, la poitrine davantage reportée en arrière, est encore plus accessible au fouet.

2. Relation du Pèlerinage de Paula, qui accompagnait saint Jérôme.

3. Il doit s'agir du pilier central (aujourd'hui disparu) d'une sorte de portique se trouvant dans la prison située sous l'église Saint-Pierre-in-Gallicante et manifestement destiné à attacher les flagellés comme l'attestent les trous creusés dans la pierre pour passer les cordes liant le supplicié.

Un ou deux flagellateurs

L'orientation des blessures que l'on observe sur le corps radicalement mis à nu révèle la position de la main de l'éxécuteur par rapport à la victime.

Certains coups partent de la droite (donc de la gauche sur l'empreinte dorsale) ils se répartissent en « éventail » d'abord obliques sur le haut du dos (F). Puis la main du bourreau s'abaissant à l'horizontale frappe la partie médiane du corps (E) et enfin sur les jambes (D), fig. 1 p. 114.

La main du flagellateur ayant changé de direction frappe maintenant en sens inverse, *de revers*. Ces coups se croisent donc, sur le dos, dans une direction oblique opposée à la précédente (G). Leur angle plus aigu a fait croire pendant longtemps qu'il y avait eu deux bourreaux situés de part et d'autre du supplicié. L'un plus petit aurait frappé sur tout le corps tandis que l'autre, plus grand s'était contenté de frapper sur le haut du dos. L'on ne voit pas pourquoi, seul le flagellateur placé à droite aurait frappé sur tout le corps, tandis que celui qui aurait été à gauche se serait contenté de frapper seulement le dos. Il est facile de remarquer, sur les mollets par exemple, qu'il n'y a qu'une seule direction des fouets.

Là encore une reconstitution pour laquelle le tronc d'un arbre entouré de carton ondulé remplaçait le flagellé a permis de constater : 1° Qu'un homme situé, à environ 1 m en arrière frappe des coups directs sur tout le corps et que les directions correspondent exactement à celles de l'empreinte (D, E, F) ; 2° Sans se déplacer cet homme frappant de revers provoque des coups (G) dont l'angulation plus aiguë semble être l'œuvre d'un homme plus grand. Dans la réalité : c'est la même main qui est située plus haut. Mais si le « figurant flagellateur » voulait continuer à frapper plus bas d'autres coups de revers, mal lui en prendrait, car, dans cette position les extrémités du fouet viendraient blesser son avant-bras. Enfin, la poitrine de la victime ne pouvant adhérer à son point de fixation, il est facile de frapper le côté droit de celle-ci par des coups « directs » et son côté gauche par des coups « de revers ». Seulement, ce qui armait l'extrémité

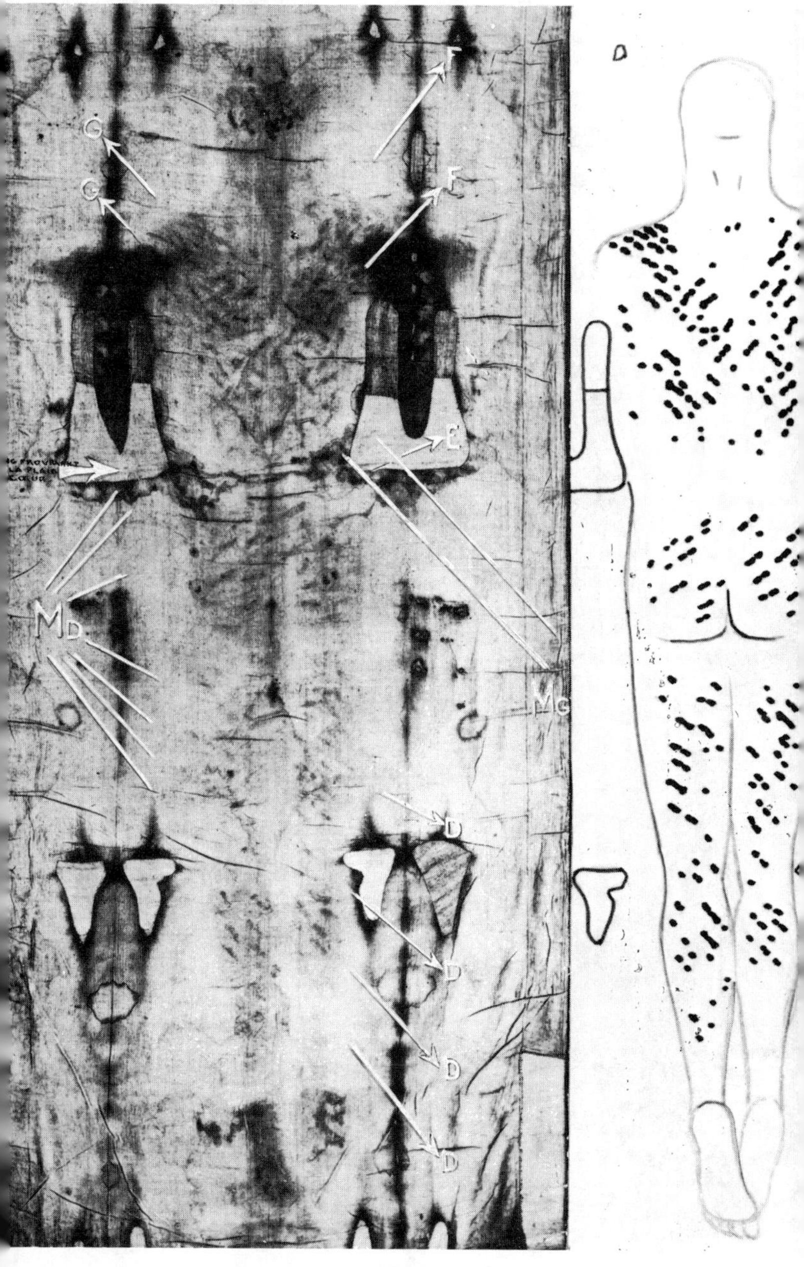
G
G
F
F
E
E
PROVENANT
LA PLAIE
MD
MG
D
D
D
D

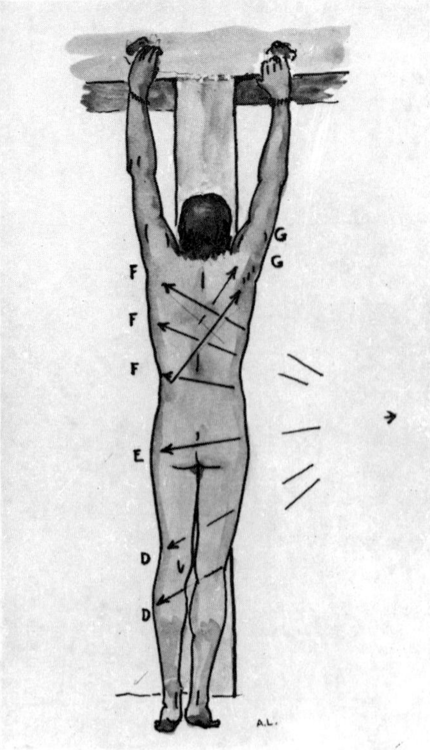

1

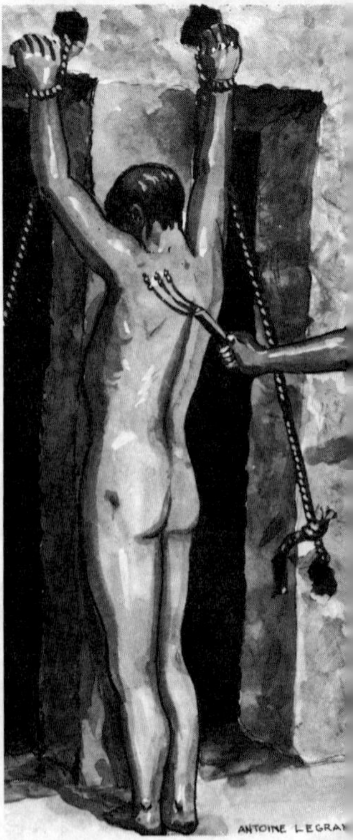

2

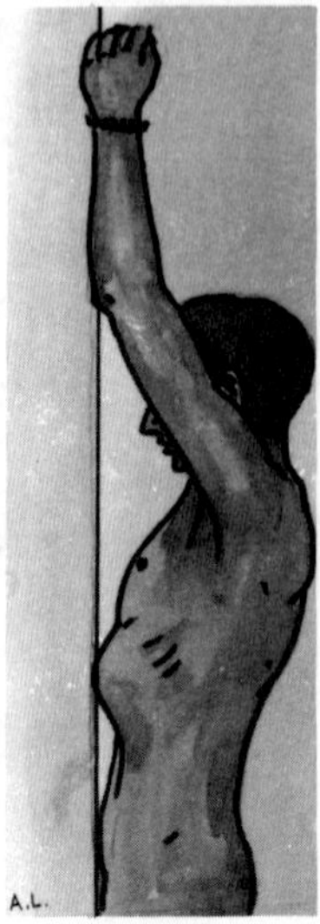

3

des fouets frappait, et remontait immédiatement, entraînant la lanière qui n'a pas le temps de toucher.

Des coupures entourées de lymphe sont visibles sur le devant des jambes, particulièrement à la hauteur du mollet gauche. Les lanières se sont enroulées en cinglant, coupant la peau. Les blessures réparties « en éventail » indiquent nettement que celui que l'on frappait était immobilisé. Il s'agit donc d'une flagellation « supplice » et non de coups donnés « à la volée », en conduisant par exemple le condamné au lieu de l'éxécution, ce qui se pratique parfois.

Nous sommes en présence d'une circonstance exceptionnelle car l'on condamnait un individu soit à la flagellation (et après avoir subi sa peine, si elle ne l'avait pas fait succomber, il était libre) [4] soit à la peine capitale : le crucifiement. De même, que nos juges ne frappent pas le même individu simultanément d'une peine à temps : la prison, et d'une autre définitive : la peine capitale, il semble que les tribunaux romains ne prononçaient pas une double condamnation.

Cependant pour Jésus, il est spécifié par Matthieu (27, 26) et Marc (15, 15) que, quoique flagellé, il fut condamné au crucifiement.

Flagellation romaine

Les coups au nombre d'environ cent-vingt prouvent, s'il en était besoin qu'il ne s'agissait pas d'une flagellation juive, car la loi imposait de ne pas dépasser quarante coups [5]. Afin d'être sûr de ne pas violer cette prescription le condamné ne subissait que trente-neuf coups [6] et Flavius Josephe [7] indique que l'on ne donnait en réalité que treize coups et non trente-neuf, les fouets ayant chacun trois lanières.

4. C'est ce que suggère Luc 23, 22 : « Pilate dit : je le lâcherai après l'avoir corrigé ».

5. Deut, 25, 3

6. Saint Paul, Deuxième épître aux Corinthiens écrit 11, 24 : « Cinq fois j'ai reçu des juifs quarante coups de fouet moins un ».

7. Flavius Josèphe, Ant. judaïques IV - VII - 21

Nous sommes donc incontestablement en présence d'une flagellation romaine (qui parfois était mortelle).

Or, le Linceul n'a enregistré que les coups ayant mis les chairs à vif. Il dut y en avoir d'autres, les tuméfactions produisant des « bleus » ne peuvent être décelables sur l'empreinte.

Instrument

Le supplice romain était administré à l'aide de fouets composés de deux ou trois lanières terminées à leur extrémité, soit par des osselets de mouton, soit par des balles métalliques jumelées.

Ni dans les musées italiens de Rome, ou de Naples ni à Pompeï l'on n'a retrouvé de flagellum. Par contre à Bruxelles, au Musée du Cinquantenaire, dans la collection de Ravestein, il y a des phalères romaines. Des boules semblables isolées ou jumelées, pouvaient parfaitement être attachées aux extrémités des courroies des fouets. Mon collègue de la commission des recherches scientifiques sur le Saint-Suaire, M. Jean Charbonneaux conservateur des antiquités au Musée du Louvre, ne connaissait pas d'autres exemplaires dans des collections publiques ou privées.

Cependant étant donné que les dimensions et la forme des blessures correspondaient exactement aux marques que provoquaient les renflements des osselets de mouton, l'on peut en déduire que les fouets ayant servi pour Jésus devaient être munis d'osselets (à moins que les boules

Phalères (Musée du Cinquantenaire à Bruxelles) (ci-contre)

Blessure, flagellation entre balles métalliques et osselet (ci-dessous)

métalliques jumelées, par l'on ne sait quel hasard, aient été confectionnées avec un écartement identique ce qui est très improbable).

Blessures

Les blessures occupent trois centimètres y compris l'intervalle central.

Leur aspect devait être très voisin de celui du genou d'un enfant qui est tombé : un peu de sang et des sérosités assez abondantes (qui ultérieurement formeront croûte).

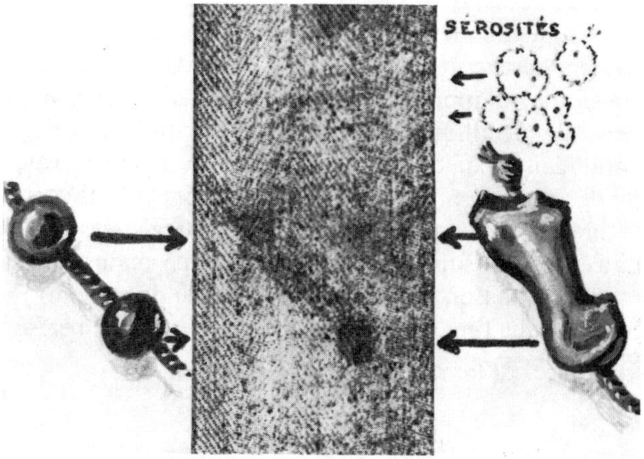

Ce qui incite à penser qu'outre les coups ayant formé plaies il y en eut de nombreux autres, n'ayant créé que des hématomes sous-cutanés, c'est qu'en particulier dans la région de l'omoplate gauche, il y a une grande accumulation de sérosités. Autour d'un point central ayant un quart de millimètre, ces sérosités sont constituées par des auréoles aux bords irréguliers de quelques millimètres de diamètre.

L'image enregistrée par le Linceul n'est-elle pas parfaitement commentée par le texte d'Isaïe 1, 6 ?

« Depuis la plante des pieds au sommet de la tête, il n'y a rien en lui de sain : ce n'est que blessures, meurtrissures, plaies vives ».

Le Lithostrotos

Présumant qu'à l'endroit où Jésus avait été flagellé, de nombreux autres condamnés avaient subi le même supplice et que des balles métalliques avaient pu se détacher et se loger dans les interstices des dalles, j'écrivis à Jérusalem à la Mère Godeleine de Sion qui avait été l'initiatrice des fouilles, alors récentes, du Lithostrotos (lieu considéré comme étant la cour dallée où Pilate avait fait flageller Jésus) pour savoir si l'on n'avait pas retrouvé de boules métalliques, car je présumais que des osselets se seraient désagrégés au cours des siècles. Quelle ne fut pas ma suprise d'apprendre [8] que l'on n'avait trouvé aucun élément métallique pouvant correspondre à ce que j'attendais ; par contre des osselets de mouton avaient été découverts entre des dalles. Leurs dimensions correspondent exactement aux blessures enregistrées par le Linceul, et lorsque, plus tard, j'ai eu en mains les dits osselets (que l'on pensait destinés au jeu de ce nom) j'ai constaté que l'un d'eux avait été manifestement perforé. Pour armer un fouet ?

8. Lettre de Mère Godeleine de Sion du 11 janvier 1935.

Couronnement

... et ayant tressé une couronne avec des épines, ils la posèrent sur sa tête... ils le bafouèrent en disant : « Salut roi des Juifs » (Mt 27, 29).

... et ils ceignirent sa tête d'une couronne d'épines qu'ils ont tressée. Et ils se mirent à le saluer : « Salut Roi des Juifs » (Mc 15, 17).

... et les soldats tressant une couronne avec les épines, la lui posèrent sur la tête... (Jn 19, 2).

Matthieu et Jean, (précisant Marc) n'indiquent pas une couronne uniquement composée d'épines tressées entre elles mais que c'était une couronne « *avec* » des épines. D'une manière générale au cours des siècles les artistes n'ont représenté que des épines disposées en cercle entourant la tête.

L'examen du Linceul nous invite à penser qu'il y avait bien une *couronne autour de la tête* de Jésus et que des *épines* avaient bien été *posées sur sa tête*. Les soldats ne se sont pas risqués à se piquer les doigts en tressant artistiquement un cercle d'épines entrelacées.

Deux textes de l'historien Flavius Josèphe relatant l'enterrement d'Hérode [9] peuvent aider à comprendre ce que voulurent imiter les soldats dans cette parodie de couronnement de celui qui entre leurs mains n'était qu'un roi de carnaval.

« L'on mit *autour* de la tête d'Hérode *un diadème* d'or et *sur* sa tête *une couronne* d'or ».

9. Guerre des juifs, Livre I - XXXIII, Leroux tome V 671, p. 135. Antiquités Judaïques, Livre XVII, Leroux tome IV, p. 103.

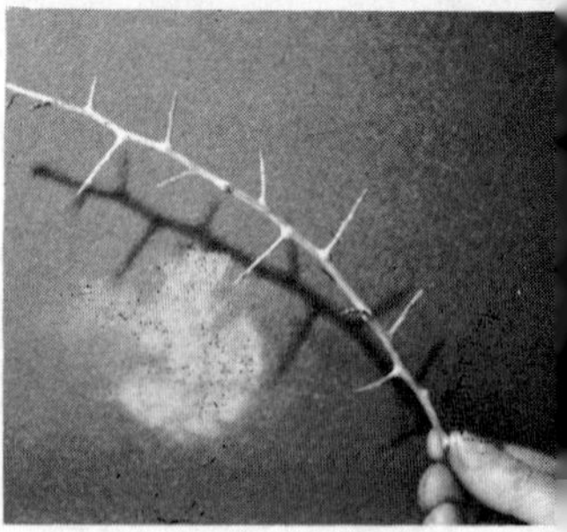

La Sainte-Couronne (N.-D. de Paris) sortie du reliquaire, — Xiphus spina Christi

Il y avait donc deux éléments distincts : le diadème encerclant la tête et la couronne la recouvrant.

C'est sans doute ce que voulurent copier les soldats. Avec notre mentalité moderne, nous comprenons bien le diadème entourant la tête, mais pour saisir ce qui a donné l'idée aux soldats de placer quelque chose de pointu (en l'occurrence des branches épineuses dont ils devaient se servir pour alimenter le feu de leur corps de garde) sur la tête de celui qu'ils voulaient tourner en dérision, il faut que nous nous souvenions que certaines mitres antiques étaient garnies de pointes qui étaient censées représenter des sortes de rayons solaires émanant de la tête du monarque. La « corona radiata » garnie de rayons en saillie était l'attribut propre des dieux et des héros déifiés. A. Rich précise qu'en Orient le diadème marque de la suprême puissance est la mitre, haute coiffure terminée par des pointes ou rayons [10].

La Sainte Couronne

Lorsqu'en 1239 Saint Louis (qui l'avait rachetée aux Vénitiens) reçut la Couronne, il ne faut pas croire qu'il accepta sans contrôle l'authenticité de la relique contenue dans deux châsses scellées. L'une contenait un cercle de joncs tressés (la couronne à proprement parler), l'autre renfermait des branches épineuses. Le pieux roi avait fait constater par deux dominicains, Jacques et André de Longjumeau, qu'il s'agissait bien des reliques

10. Anthony RICH, *Dictionnaire des antiquités romaines et grecques*, éd. Firmin-Didot, Paris 1883, p. 195.

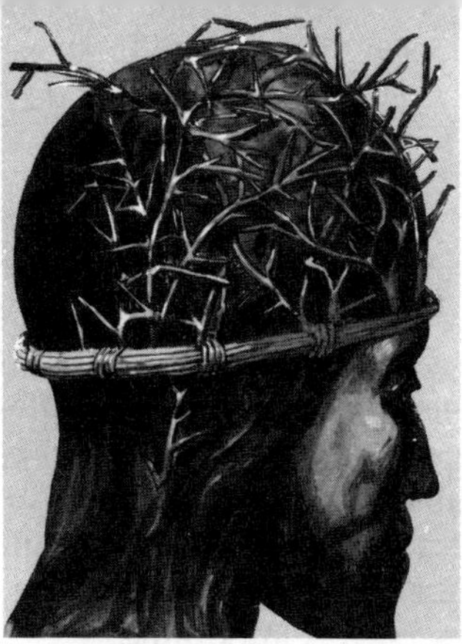

qu'ils avaient antérieurement vénérées à Constantinople.

L'été était pluvieux et les populations averties par des hérauts précédant les châsses se prosternaient le long des routes au passage du cortège escortant la précieuse relique au-devant de laquelle Saint Louis se porta et qu'il rencontra à Villeneuve-l'Archevêque, près de Troyes. On lui raconta que si les fidèles massés sur le parcours avaient été mouillés, par contre, ceux qui accompagnaient la relique n'avaient jamais reçu une goutte de pluie sur tout le parcours. Afin de conserver le souvenir de ce fait qu'il considérait comme un prodige Saint-Louis changea « pour perpétuelle mémoire les armes du chef de l'escorte », et c'est la raison pour laquelle la famille de Meaux dont auparavant l'écu était « de sable à jumelles d'argent » devint « d'or à cinq couronnes d'épines de sable ».

Saint Louis fit construire près de son palais de la Cité à Paris, la Sainte-Chapelle pour y conserver le cercle de joncs marins reproduit ci-contre. Son diamètre intérieur de vingt-et-un centimètres est nettement trop important pour qu'elle puisse se maintenir autour d'une tête. Il n'y a aucun doute que quelque chose d'autre devait caler ce bandeau ; c'étaient les branches épineuses que Saint-Louis avait reçues en même temps dans un reliquaire distinct. Il ne fit aucun prélèvement sur la couronne, mais par contre distribua très généreusement les épines à travers toute l'Europe [11].

11. Les plus connues sont les épines miraculeuses d'Andria et de Naples, celles de Pise, Florence, Sainte Praxède à Rome et de Sées, Les rois de France continuèrent les libéralités de Louis IX et c'est sans doute Henri IV qui fit le dernier don.

Les épines

Les branches épineuses appartenaient à une espèce commune jadis en Palestine et nommée par les botanistes « Xiphus spina Christi ». Les épines très aiguës et d'un très petit diamètre, ce qui leur permet de pénétrer facilement dans la chair sont longues de quatre à cinq centimètres. La blessure produite quoique d'une surface réduite étant donné le degré de pénétration est à l'origine de coulées de sang abondantes et il est bien connu que le saignement des blessures crâniennes est très important.

Casque épineux

Ce n'est pas l'étude de photos du Linceul prises à l'ultra-violet, mais la logique, qui déjà au siècle dernier, avait conduit Rohault de Fleury dans sa reconstitution du couronnement.

Il estimait à juste titre que le cercle de joncs avait seulement servi de support aux épines évitant aux soldats de se piquer les doigts.

Ce cercle avait pour mission de maintenir sur la tête les épines posées là et qui formaient une sorte de bonnet épineux sur la tête de celui qui s'était proclamé « Roi des Juifs ».

Blessures de la tête

Le front

Ce qui précède aidera à comprendre les taches de sang éparses sur le front et dans la chevelure, particulièrement depuis le sommet de la tête jusqu'à la nuque, sur l'image postérieure du Linceul.

En se reportant à la reproduction ci-après en vraie grandeur du haut de la face, l'on distingue nettement sous la flèche 1 et sous la flèche 2 les marques laissées par les piqûres des épines. Autour du point d'impact une sorte de halo de sérum de neuf millimètres de diamètre. La coulée sanglante sinuant au milieu du front au-dessus de l'œil gauche a de tout temps attiré l'attention. Elle mérite une analyse particulière. De l'épine qui a dû obliquement pénétrer assez profondément en 3, le sang s'est échappé très abondamment. La coulée n'est pas absolument verticale mais elle serpente en forme de trois renversé. Serait-ce la couronne ou bien le front douloureux de rides horizontales qui explique ces méandres sanguins ? Une autre explication est plus simple : la moiteur du front a fait dévier le filet de sang tantôt à droite, tantôt à gauche. De la même manière que sur nos glaces couvertes de buée, les gouttes d'eau ne coulent pas rigoureusement à la verticale, mais leur course descendante zigzague par capillarité. Le sang a sinué sur le front d'une façon identique, mais un obstacle l'a arrêté en 3. Un jonc de la couronne appuyé sur la peau a provoqué cette accumulation qui s'étale vers la droite, le bord inférieur est horizontal et le sang y est un peu plus épais.

1
2
3
A

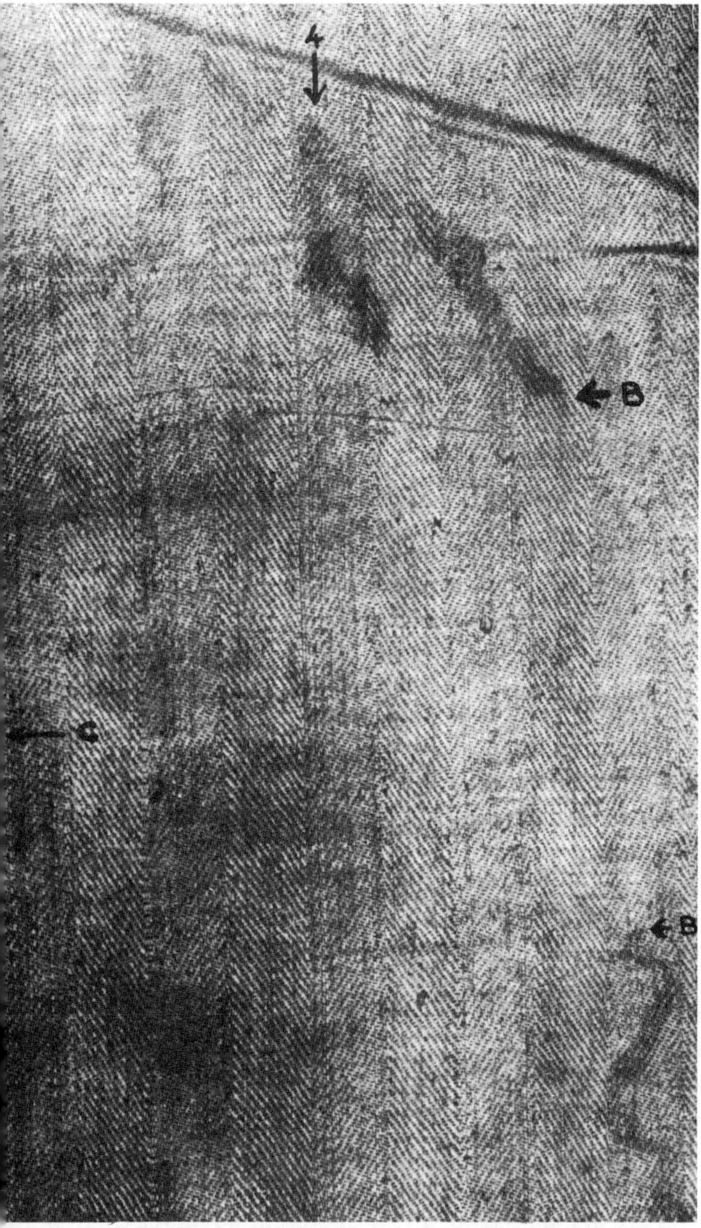
4
B
C
B

Cette interruption de la coulée (ci-avant) permet de reconstituer aisément le parcours du jonc allant de A en B (observait déjà le P. d'Armailhacq) les contours d'une autre goutte de sang au bords irréguliers accusent le contact du jonc tandis qu'en B une autre coulée est stoppée horizontalement elle aussi pour rebondir beaucoup plus bas en B'.

Les trois points A, B et 3' étant situés sur une même trajectoire indiquant donc les points de contact du jonc.

En 3' le sang accumulé a franchi l'obstacle et a formé en fin de course une goutte de forme arrondie sur le sourcil gauche. Le pourtour de cette dernière goutte est plus marqué que son centre qui est plus pâle, c'est la caractéristique d'une goutte de sang séché. Nous possédons là une preuve que lorsque le Linceul a recouvert le visage, le sang était déjà sec. Si nous regardons avec une forte loupe une goutte de sang séché, nous avons l'impression de voir un cratère de volcan en miniature ; en effet la goutte d'abord bombée s'est incurvée, formant une dépression en son centre tandis que le pourtour garde un certain relief. C'est exactement ce que nous remarquons ici sur le Linceul (voir schéma p. 190).

Depuis la moucheture marquant le point d'entrée de l'épine jusqu'à cette dernière goutte, l'analyse visuelle de la coulée est complète. Jamais un peintre n'aurait songé à reproduire de pareilles minuties.

Une autre épine, indiquée par la flèche 4, a occasionné une blessure profonde car elle a saigné très abondamment. Elle donne naissance à une coulée verticale bifurquant vers la droite en fin de course en deux gouttes de sang assez épaisses. Une autre coulée plus fluide s'étend obliquement vers la droite, elle a dû se répandre très rapidement lorsque la tête était très inclinée sur ce côté, puis a continué son trajet alors que la tête était moins penchée pour enfin s'arrêter en butant en B contre le jonc. Là le sang a stagné, il est plus épais et, au lieu d'une terminaison arrondie, s'arrête à l'horizontale, comme la coulée du milieu du front. Après avoir rencontré l'obstacle du jonc, le sang ne laisse plus aucune trace sur six centimètres et demi, mais rebondit sur une mèche de cheveux, sur

laquelle il serpentera jusqu'à l'aplomb de la bouche. Après une nouvelle interruption, il termine son parcours à la hauteur du menton.

Le sommet de la tête n'a pas laissé son empreinte, mais il était certainement couvert d'épines car l'occiput est marbré de coulées de sang dont le point d'origine est situé plus haut.

La nuque

Dans cette région le sang est très abondant, les coulées prenant leur origine très haut sur la tête sont plus larges que celles du front. Un œil non exercé ne découvre que difficilement leur parcours au sommet de la tête ; la présence de cheveux assez abondants en est sans doute la cause.

Les blessures devaient être exclusivement situées assez haut sur la tête car aucune blessure n'est décelable plus bas comme cela aurait été le cas si les épines avaient entouré la tête en cercle.

C'est plus bas, *sous* le cercle de jonc que le sang s'est décalqué plus vigoureusement.

Les joncs comprimaient la chevelure contre la nuque faisant marquer un temps d'arrêt aux coulées.

Une bande incurvée d'un peu plus de deux centimètres de large dont les bords sont indiqués en pointillé sur la planche ci-dessus localise parfaitement le bourrelet de jonc formant couronne autour de la tête dont elle épouse la courbure.

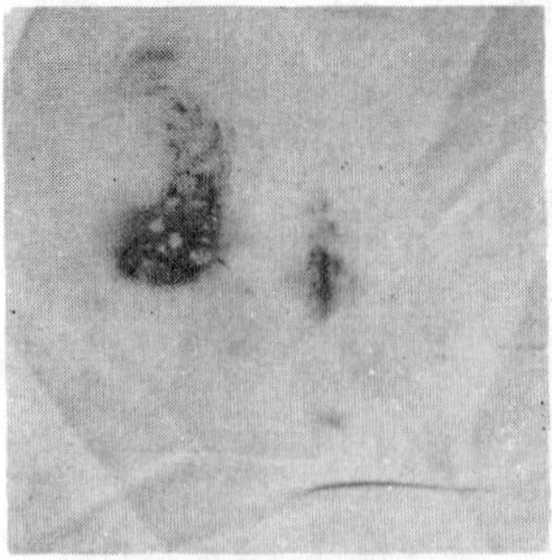

Expérience, substance grasse écartant le sang

Du nard ?

Outre leur largeur plus importante qu'ailleurs, ces coulées offrent une particularité qui ne se retrouve sur aucune autre partie du corps. Là le sang est comme grêlé, moucheté, par de multiples petits points plus clairs qui semblent l'avoir comme écarté. La vue de la pluie sur le sable donne une impression identique.

Cette anomalie apparente est restée inexpliquée jusqu'au jour où le regretté P. Taepper vint me poser la question : le parfum répandu sur la tête de Jésus à Béthanie six jours avant la Passion n'avait-il pas laissé des traces ?

Cette remarque m'expliqua une expérience de décalque de sang faite antérieurement, la présence de particules grasses sous le sang, y offrait le même aspect que la région postérieure de la tête sur le Linceul.

Ces « manques » altérant le sang à la nuque ne peuvent s'expliquer que par la présence d'une substance grasse : le nard [12].

12. Pour fabriquer le nard, l'on laissait macérer du « nardus » dans une substance grasse jusqu'à ce que les racines aient suffisamment imprégné l'huile épaissie qui sera introduite dans des vases aux cols étroits, qu'il faudra briser pour en extraire le parfum compact « Une femme vint, tenant un flacon d'albâtre (rempli) d'un parfum de nard authentique, d'un grand prix. Elle brisa le flacon d'albâtre et lui versa sur la tête. » Mc 14, 3.

Sévices

Alors ils lui crachèrent au visage et le souffletèrent. D'autres lui donnaient des coups en disant :

« Prophétise pour nous, Christ : Qui est-ce qui t'a frappé ? » Matt 26, 68.

Contrairement aux plus antiques représentations du Christ le visage n'est pas imberbe. La moustache et la barbe sont en désordre, déportées vers le côté gauche. N'appartenait-il pas au Linceul de nous apporter la confirmation de la prophétie d'Isaïe : « *J'ai abandonné mes joues à ceux qui m'arrachaient la barbe* » [13]. L'Evangile était muet sur ce point et certains Pères de l'Eglise d'Afrique qui sans doute avaient oublié le texte d'Isaïe discutaient pour savoir si Jésus était imberbe ou portait une barbe.

Ne peut-on appliquer au Messie ce que dit le prophète Michée ? [14]. « Avec un bâton on frappe sur la joue celui qui doit être le dominateur d'Israël ».

La face du Linceul révèle des sévices que certains se sont plu à multiplier sans preuves suffisantes, en suivant davantage leur pieuse imagination que l'observation objective de l'empreinte.

Il est prudent semble-t-il de s'en tenir à ce qui est évident ; à vouloir trop prouver l'on risque de compromettre les preuves sérieuses.

Ce qui est certain c'est qu'à la base de la joue droite (exactement dans la région zigomatique sur le muscle élé-

13. Isaïe, 50, 6.

14. Michée 4, 14 et 5, 1.

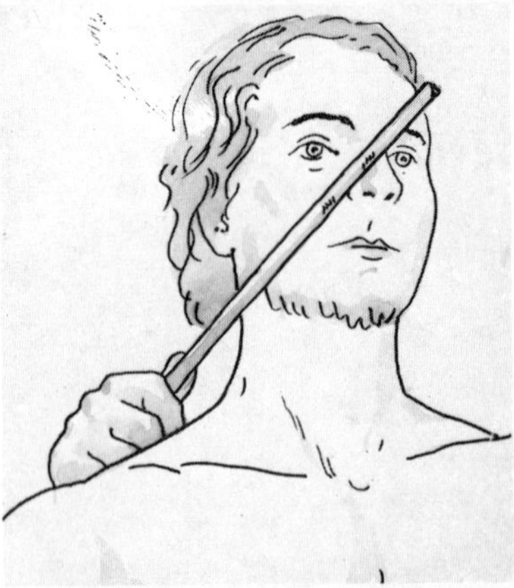

vateur naso-labial) il y a une tuméfaction résultant d'un coup de bâton qui a également fracturé le cartilage dorsal du nez. Ce coup n'a pu être donné que par une main située à droite et en arrière de la victime qui ne pouvait deviner qui la frappait.

Si l'on est en face de celui que l'on frappe, que l'on soit droitier ou gaucher, impossible de blesser en même temps les deux points cités ci-dessus : joue droite et nez. On ne peut blesser à la fois que la joue gauche et le nez. Pour atteindre la joue droite et le nez il faut se placer en arrière, hors de la vue de la victime.

Jean (19, 3) ne parle pas d'un soufflet au visage comme on le traduit généralement mais de coups *(rapisma)* donnés sur la face.

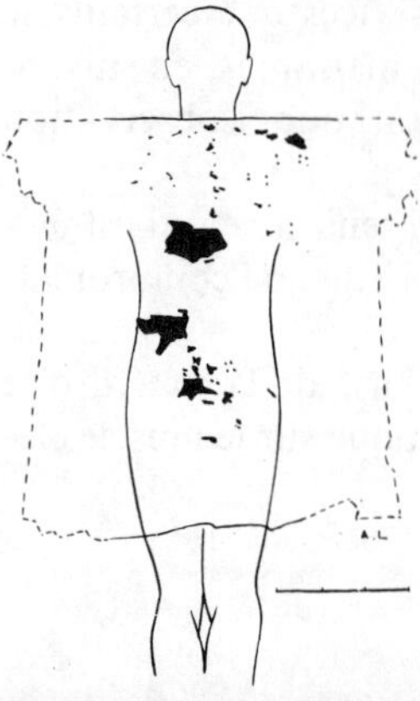

Localisation du sang sur la Sainte-Tunique

Portement de croix

Et lorsqu'ils l'eurent bafoué, ils le dévêtirent de la chlamyde et le revêtirent de ses vêtements (Mt 27, 31), le revêtirent de ses vêtements et l'emmenèrent de là pour le crucifier (Mc 15, 20).

Et portant lui-même sa croix, il sortit vers le lieu-dit Crâne, c'est-à-dire en hébreu Golgotha (Jn 19, 17).

Si pour la flagellation, le corps de Jésus avait été mis radicalement à nu, ses vêtements lui furent restitués pour la durée du trajet séparant le prétoire de Pilate du lieu des exécutions (environ 500 mètres). Le sang des blessures de la flagellation a pu ainsi être absorbé partiellement par le vêtement de dessous [15].

Le patibulum

Les artistes représentent généralement Jésus chargé d'une croix faite de deux poutres croisées à angle droit. Le condamné n'aurait pu porter une telle croix, il ne portait que la traverse horizontale à laquelle ses mains allaient être fixées. « Qu'il porte son patibulum par la ville et qu'il soit cloué à la croix » dit Plaute dans *La Carbonaria.*

15. La tradition veut que ce vêtement de dessous, appelé improprement « Sainte Tunique » soit venéré à Argenteuil (près de Paris) depuis Charlemagne dont la fille Théotrade était en ce lieu abbesse du monastère N.D. d'Humilité. Les photos à l'infra-rouge réalisées en 1934 par mon regretté ami Gérard Cordonnier permettent de réaliser un repérage anatomique des taches analysées en 1892 par le chimiste Roussel et le Prof. Lafont, directeur du Laboratoire des recherches de médecine et d'hygiène. Les taches les plus importantes correspondent à des saillies osseuses : clavicule, acromion, 7e vertèbre, omoplate, crête illiaque, sacrum.

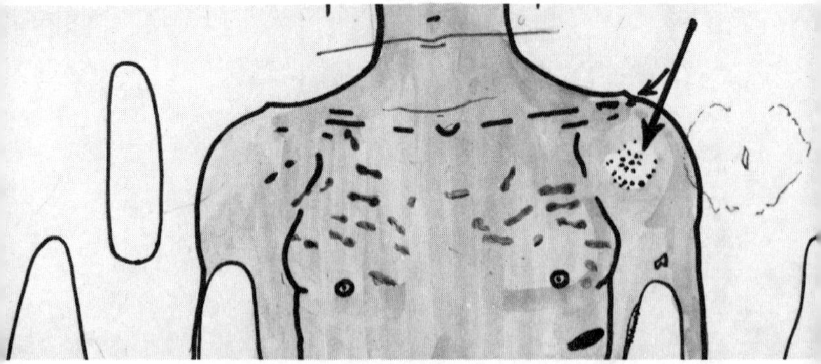

A Sainte-Croix de Jérusalem à Rome dans l'escalier conduisant à la chapelle des reliques on montre une poutre à laquelle le bon larron aurait été cloué. Elle doit peser environ 40 kg et mesurer 1,78 m de longueur sur 0,13 m de largeur. Au centre de cette poutre se trouve une mortaise dont nous verrons l'utilisation au moment du crucifiement.

Le portement de croix

Les droitiers chargent un tel fardeau sur leur épaule droite. C'était certainement le cas de Jésus. Le Linceul révèle sur l'épaule droite, au-dessus de l'omoplate, une large zone d'excoriation de 9 centimètres et large de 10. Quelque chose de lourd a pesé là, écrasant et estompant les blessures de la flagellation.

Par contre les blessures de la flagellation ne sont pas déformées au niveau de l'omoplate droite.

Afin de maintenir la poutre en équilibre sur son épaule, la main droite de celui qui la porte doit la retenir en avant de manière oblique, de sorte qu'en cas de chute elle viendra frapper l'omoplate gauche. C'est sans doute ce qui explique les multiples sérosités perceptibles dans cette région et le renforcement notable de l'empreinte. Toutefois comme il doit s'agir uniquement d'un choc du patibulum sur l'omoplate gauche lors d'une chute, les contours des blessures restent très précis, il n'y a là rien de comparable avec le dessus de l'épaule, où ces blessures sont comme mâchurées par un frottement constant.

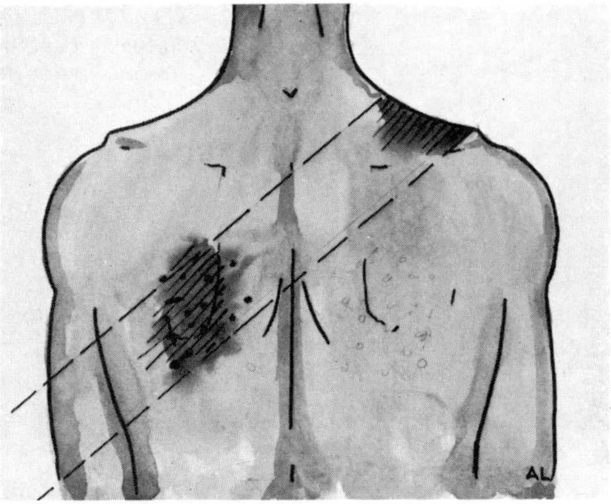

Sur le devant du corps, à 18 centimètres de son axe en-dessous de deux coups de flagellum écrasés eux aussi par le poids du patibulum et situés au-dessus de la clavicule, un point est auréolé. D'autres plus petits rayonnent autour, ils semblent bien correspondre à la tête de l'humérus. La peau le recouvrant a été lésée à cette place (indiquée par une flèche sur le schéma ci-contre).

Des chutes ?

L'Évangile, atteste qu'un homme, Simon de Cyrène, le père d'Alexandre et de Rufus (Mc 15, 21) fut requis pour soulager Jésus du fardeau qu'il portait, mais ne parle pas de chutes. Jésus est-il tombé ? C'est probable, les évangélistes n'ont pas tout dit, et la pieuse tradition de nos chemins de croix semble confirmée.

Le Prof. Judica Cordiglia a décelé sur le Linceul des images de plaies sur le devant des genoux, principalement du droit qui présente des excoriations à bords déchiquetés sur la région rotulienne.

Le Prof. Pellicori outre de la boue au talon a observé de la poussière à l'extrémité du nez et sur un genou.

Le calvaire près de la Porte d'Ephraïm ;
le Tombeau est au premier plan
(reconstitution de l'auteur)

Crucifiement

« *Quand ils l'eurent crucifié, ils se partagèrent ses vêtements, en jetant le sort* » (Mt 27, 35).

« *Ils le crucifièrent, et ils se partagent ses vêtements en jetant le sort sur eux [pour savoir] ce que chacun prendrait* » (Mc 15, 24).

« *Et lorsqu'ils furent arrivés au lieu-dit Crâne, ils l'y crucifièrent ainsi que les malfaiteurs, l'un à droite l'autre à gauche* » (Lc 23, 33).

« *C'est là [au lieu-dit du « Crâne »] qu'ils le crucifièrent, ainsi que les deux autres avec lui, un de chaque côté et Jésus au milieu* » (Jn 19, 18).

Le Golgotha

Lorsque le cortège des condamnés eut franchi la porte d'Ephraïm, il bifurqua à droite pour se rendre à quelques dizaines de mètres au lieu des exécutions : *le lieu-dit du Crâne en hébreu : Golgotha.* C'était un bloc rocheux qui surplombait d'un peu plus de quatre mètres une ancienne carrière abandonnée. Rien de la montagne du Calvaire telle que beaucoup imaginent. Ce mamelon dominait la route qui sortait de la porte d'Ephraïm ; les passants y montaient pour contempler commodément les suppliciés. Depuis des siècles la bosse en forme de crâne n'avait pas été exploitée pour une raison inconnue. Au sommet de ce monticule des poteaux verticaux étaient fichés dans le sol à poste fixe, c'étaient les *stipes* contre lesquels les condamnés étaient hissés après que leurs bras aient été fixés au *patibulum.*

Ces *stipes* servaient à toutes les exécutions. Le *patibulum,* par contre, était propre à chaque condamné. Jadis il en était de même en France : le fameux gibet de Montfaucon restait dressé en permanence, seule la corde était le « bien propre » de chaque pendu.

Forme et dimensions de la croix

Si nous voulons comprendre ce qu'était le supplice du crucifiement, afin de contrôler sur le Linceul si ce qu'il nous montre coïncide avec les données archéologiques il est nécessaire que nous fassions table rase des interprétations fantaisistes que l'art a conçues tant pour la forme que pour les dimensions de la croix.

Nous avons déjà vu qu'elle était composée de deux parties, le *stipes* (poteau vertical) et le *patibulum* (barre horizontale). Solidement enfoncés dans le sol, les *stipes* ne devaient pas être très hauts, sans doute pas de plus de deux mètres (crux humilis). Ils devaient se terminer par un tenon sur lequel la mortaise pratiquée au centre du *patibulum* venait s'encastrer.

Etant donné que ces poteaux restaient en permanence, rien ne permet de penser que l'un d'eux était plus élevé que les autres. Jésus a subi le même supplice que tous les scélérats exposés sur le bois d'infamie. Même si l'on avait désiré lui attribuer une croix plus élevée (crux sublimis), le temps manquait en cette veille de sabbat.

La pratique courante de la crucifixion avait certainement conduit les exécuteurs à procéder avec le minimum d'effort et le maximum de simplification dans la réalisation de leur besogne.

Que la croix eût été assez basse, un premier argument pour le prouver, c'est la direction du coup de lance dirigé vers le cœur et qui fut donné obliquement dans un angle voisin de l'horizontale. Le second motif serait la dimen-

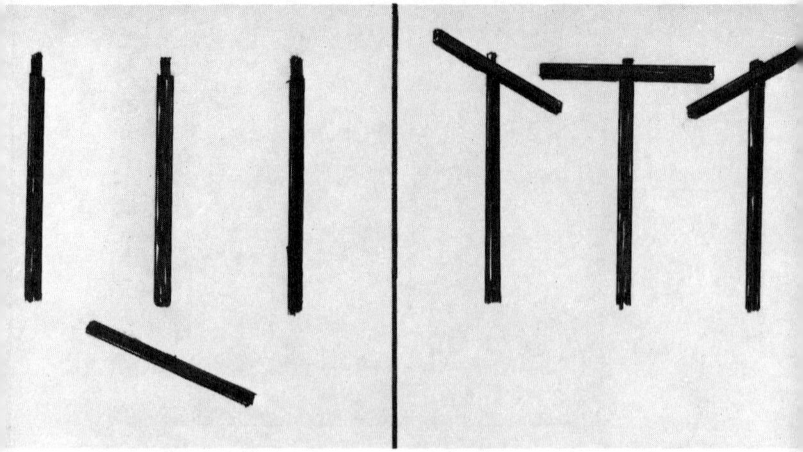

sion très réduite non de l'hysope qui est un fragile arbrisseau mais du « hussô » qui selon le Père Lagrange veut dire javelot, (et dont la longueur était d'environ 90 centimètres).

Le *patibulum* ne devait pas excéder un mètre cinquante, le trou pratiqué en son centre (mortaise) rendait très simple sa fixation au sommet du stipes, il n'y avait même pas besoin de clouer les deux morceaux de bois pour qu'ils soient solidement rivés l'un à l'autre.

Le Dr Pierre Barbet pensait que le *suppedaneum* placé sous les pieds de la plupart des crucifix était une invention des artistes, mais il avait remarqué, (car c'était un observateur à qui rien n'échappait) que sur les représentations les plus anciennes, cette pièce rapportée n'avait pas la forme de console que nous lui connaissons. C'était une barre horizontale : *suppedaneum,* nettement marqué sur le graffito du Palatin (IIe siècle). Cette barre que les crucifix orientaux ont conservée devait être placée à environ cinquante centimètres du sol.

La reconstitution de la mise en croix m'incline à penser que cette barre transversale existait sous les pieds.

L'on a parlé de la possibilité d'un « sedile » entre les jambes du Christ. Il aurait été assis sur cette pièce de bois. La présence de ce siège est exclue par le fait des mouvements du corps attestés par deux sens de coulées très différentes que nous nous analyserons lorsque nous reconstituerons les angulations différentes des bras en croix.

Nudité des crucifiés

L'usage constant des Romains était d'exposer les condamnés intégralement nus mais d'autre part ils respectaient les usages des populations asservies par eux, ce qui nous inciterait à penser qu'il ne faut pas prendre au pied de la lettre le texte évangélique affirmant que les vêtements de Jésus que les soldats se partageront lui furent enlevés. Le Père Lagrange dans son commentaire de Saint-Marc dit : « Arrivé à la distance de quatre coudées, on déshabille le condamné, si c'est un homme, on le couvre par devant si c'est une femme, on la couvre pardevant et par derrière » (Sanh 6 14 ; traduction Schwob).

Mais les ennemis de Jésus n'ont-ils pas été heureux que les Romains appliquent la suprême humiliation qu'habituellement ils réservaient à ceux qu'ils mettaient à mort ?

Ils l'avaient déjà fait subir à Jésus lors de la flagellation. Le Linceul peut-il apporter une réponse sur ce point ?

Il est absolument certain que le Linceul enserrait le corps de Jésus totalement nu. Les coups de flagellation de la région fessière ont une intensité identique avec ceux des autres parties du corps. Si un linge avait été interposé entre la chair et le lin il n'en serait pas ainsi.

L'on pourrait admettre si le corps avait été lavé, que le linge souillé de sang qui aurait entouré les reins de Jésus ait été enlevé, mais faute de temps, cette opération n'a pas été effectuée. Dans ces conditions il semble difficile de supposer que ceux qui ensevelirent leur Maître l'aient dépouillé du linge que ses bourreaux eux-mêmes auraient consenti à lui laisser.

Il est difficile de concevoir, si le Linceul était une falsification, que le faussaire ait osé montrer le corps entièrement nu. Au cours des siècles, malgré le texte évangélique [16], la tradition, certains Pères de l'Eglise [17] et l'usage romain qui était connu par de nombreux

16. Mt 27, 35 ; Mc 15, 24 ; Lc 23, 34 ; Jn 19, 23.

17. Le P. Holzmeister cite Saint Chrysostome (épître aux Colossiens) et Saint Ephrem le Syrien (sermon VI sur la Semaine Sainte). Revue de l'Institut Biblique Pontifical « Verbum Domini » dans un article « Crux Domini eiusque crucifixio ex archaeologia romana illustrantur ».

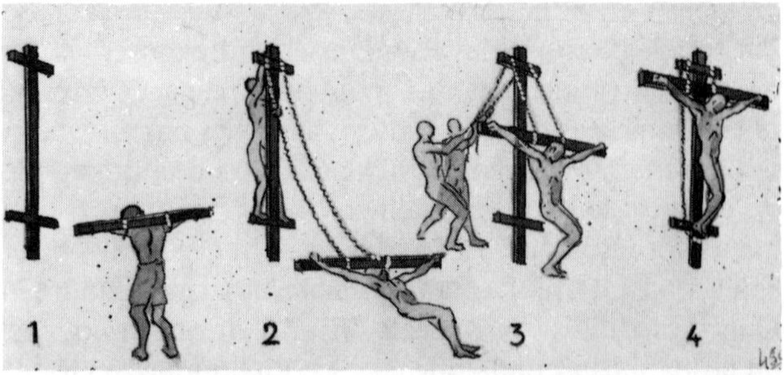

textes [18] aucun artiste n'a osé représenter ainsi le crucifié. Seul Michel-Ange a eu cette audace lorsqu'il sculpta le crucifix retrouvé il n'y a pas si longtemps à Florence au-dessus d'une porte de cuisine au couvent du Saint-Esprit, et encore s'abstint-il de représenter la marque de son appartenance au peuple élu (circoncision).

Mise en croix

Arrivé au lieu du supplice, le condamné préalablement devêtu était couché au sol, ses deux bras étendus. Il était alors aisé de river ses mains au patibulum par des clous, ce qui aurait été beaucoup moins aisé s'il avait fallu exécuter la même opération sur la croix déjà assemblée.

Maintenant il suffira que deux bourreaux prennent chacun une extrémité de la traverse de bois, et faisant relever le supplicié, élèvent à bout de bras le patibulum au sommet du stipes afin d'emboîter la mortaise dans le tenon. Pour permettre de hisser la victime plus aisément, un troisième bourreau pourra soulever ses jambes et poser ses pieds sur le suppedaneum, afin d'alléger le fardeau de ses collègues.

Le supplicié se prêtera d'autant plus volontiers à cette opération qu'elle atténuera la traction que le poids de son corps opère sur ses bras encloués.

Il ne reste plus qu'à fixer les pieds en les immobilisant eux aussi par des clous. Les stipes tels les poteaux des

18. Artémidore - (Onirociticon) par exemple. - Dans ses Homélies, St Méliton év. de Sardes (✝190) insiste sur la nudité totale de Jésus.

5

fusillés devaient servir à de nombreuses exécutions. Les clous auraient par contre détérioré les patibulum s'ils avaient servi à de multiples exécutions. En clouant les pieds sur la barre de bois nommée suppedaneum, aisément remplaçable, le même inconvénient était évité.

De plus, le point d'appui de la plante des pieds et leur situation proche du sol permettait de les perforer sans difficulté.

Un autre mode de crucifiement encore plus simple peut être imaginé dont le peintre Ribera dans son célèbre martyre de Saint-Barthélémy du Musée de Madrid nous donne une idée assez exacte.

En haut d'un poteau vertical (stipes) un peu plus élevé que dans l'hypothèse précédente, soit d'environ 2,30 mètres, une barre horizontale est fixée à demeure, (on y fixe le motif de la condamnation le « titulus »).

Cette barre est semblable à celle se trouvant à la base du « stipes ».

Tenon et mortaise seront inutiles, plus besoin maintenant de porter à bout de bras la barre horizontale : le « patibulum » avec son fardeau encloué. Il suffira d'attacher deux cordes au « patibulum » où le crucifié aura été préalablement fixé.

En montant sur la traverse inférieure, le bourreau pourra passer ces cordes au-dessus de la barre supérieure. Il n'y a plus qu'à tirer de l'arrière sur ces cordes, et telle la vergue d'un navire, le patibulum et son chargement humain seront hissés aisément. Pour maintenir le tout en

place, il suffira de faire un nœud de corde sous le suppedaneum qui fera office de loquet d'arrêt.

Le crucifié, en quelques minutes, est ainsi solidement exposé à la vue de tous, il suffira de clouer ses pieds. Les bourreaux n'auront plus qu'à monter la garde en se partageant ses dépouilles.

Ce que nous venons de reconstituer : perforation des mains, élévation de la barre horizontale, fixation des pieds, pouvait se réaliser très rapidement avec un minimum de fatigue pour ceux qui étaient chargés de cette basse-œuvre.

Il dut en être ainsi pour celui qui avait dit pour définir le genre de mort qui serait le sien : « Quand j'aurai été *élevé de terre* je tirerai à moi tous (les hommes). Il disait cela pour suggérer de quelle mort il allait mourir » [19].

La mort des larrons

L'analyse des causes du trépas des deux voleurs crucifiés aux côtés de Jésus milite en faveur d'une fixation au bois d'infamie par des clous et non par des cordes.

Pas plus que Jésus les larrons n'étaient ficelés à leur croix. Si seules des raisons esthétiques ou symboliques ont donné à la croix de Jésus des dimensions plus importantes qu'à celle de ses compagnons, pour eux personne n'a jamais supposé que leur croix fut autre chose que la « crux humilis ».

19. Jn 12, 32-33.

Le martyre de saint Barthélemy
par Ribera (Musée du Prado)

Mais direz-vous, quantité d'artistes (qui n'avaient jamais assisté à une crucifixion) depuis l'évangéliaire de Rabula [20] jusqu'aux modernes, ont représenté les larrons attachés par des cordes. Avaient-ils raison ?

Il ne faut pas voir là une reconstitution archéologique, mais une expression artistique. Sur la miniature de Florence, le Christ est revêtu d'une longue tunique, ce qui est en contradiction absolue avec le texte évangélique. De même les cordes croisées sur les poitrines nues des larrons ne peuvent correspondre à la réalité pour les immobiliser sur leur gibet.

Pour savoir si les voleurs crucifiés aux côtés de Jésus furent fixés comme lui à leur gibet par des clous, il nous suffit de lire le texte évangélique et d'en tirer les conclusions logiques.

« Les Juifs donc, comme c'était la Parasceve, afin que les corps ne demeurassent pas sur la croix durant le sabbat (car c'était un grand jour que ce sabbat) demandèrent à Pilate qu'on leur rompît les jambes et qu'on les enlevât. Les soldats vinrent donc et rompirent les jambes du premier, puis de l'autre qui avait été crucifié avec lui, mais venant à Jésus, comme ils virent qu'il était déjà mort ils ne lui rompirent pas les jambes » (Jn 19 31 - 33).

La rupture des jambes fut donc la cause déterminante de la mort des suppliciés encore vivants. Si, outre les clous, ils avaient été encordés, ce bris de jambes aurait certes pu accélérer l'issue fatale, mais non la déterminer

20. Evangéliaire syriaque de Rabula (daté de 586) conservé à la Bibliothèque San Lorenzo à Florence. La crucifixion du Xe siècle est un ajout.

rapidement (ce qui était indispensable pour pouvoir les jeter à la fosse commune avant le début du sabbat dont l'heure approchait) [21]. Flavius Josèphe [22] précise : « Même ceux qui avaient été élevés en croix, devaient être enlevés et ensevelis avant le coucher du soleil ». L'homme encordé sur une croix, ainsi immobilisé pouvait continuer à respirer. Le skieur qui se brise les jambes, ne meurt pas immédiatement de cette fracture.

Mais si l'homme n'est fixé à la croix que par des clous aux mains, la traction opérée sur les bras entraîne une distension de la cage thoracique. L'aspiration reste alors possible, mais non l'expiration de l'air vicié qui entraîne la mort, probablement en moins de six minutes.

Pour éviter cette asphyxie rapide, en reprenant son souffle, le condamné, se raidissait, en prenant appui sur les clous des pieds.

Lorsque les bourreaux rompent les jambes, ce n'est pas cette nouvelle blessure qui détermine la mort. Celle-ci résulte de la suppression du point d'appui des jambes. Tout le poids du corps est supporté seulement par les bras, la poitrine se gonfle d'air qu'elle ne peut refouler. Très rapidement, c'est la mort par asphyxie, l'on pourra détacher les cadavres.

S'ils avaient été maintenus sous les aisselles par des cordes ou assis sur un sedile (support passé entre les jambes) les larrons auraient eu la possibilité de survivre quelques heures après la rupture des jambes, leur système respiratoire n'ayant été que peu perturbé. Ils auraient donc risqué de rester en croix pendant le sabbat.

Nous pouvons donc affirmer que si la fracture des jambes des larrons a causé leur mort (Jn 19 31 - 33) c'est qu'ils n'étaient pas encordés mais seulement fixés à la croix par des clous et que l'asphyxie consécutive à ce coup de grâce traditionnel est la cause immédiate de leur trépas. Il n'y a aucune raison de supposer que pour Jésus l'on ait ajouté les cordes alors que ses compagnons de supplices en étaient dépourvus.

21. Le Deutéronome (21, 22-23) exige que le corps du pendu à un bois, ne passe pas la nuit sur le bois, mais le texte précise : « *Tu ne manqueras pas de l'enterrer le jour même* ».

22. Guerre des Juifs IV.V.2.

Nous avons vu que les larrons n'avaient pas été ficelés sur leur croix ; pourquoi voudrait-on que l'on ait agi différemment pour Jésus et que pour lui, aux clous l'on ait adjoint des cordes. Pour Jésus, les textes sacrés affirment seulement que ses mains et ses pieds ont été perforés par des clous. Les images enregistrées par le Linceul attestent par ailleurs qu'aucun lien n'entravait les mouvements des bras. Il est vain de chercher à découvrir sur la relique elle-même les traces de cordes que de pieuses imaginations ont cru déceler sur ses photographies.

Plaies des mains

« Voyez mes mains et mes pieds, c'est bien moi. Palpez-moi, et ayant dit cela, il leur montra ses mains et ses pieds (Lc 24, 39 - 40). Ces paroles dites autrefois aux Apôtres semblent nous être répétées à nous aussi, non par des sons frappant nos oreilles, mais par des images dont nos yeux peuvent se repaître à loisir. En contemplant sur le Linceul les mains croisées sur le devant du corps, la gauche masquant partiellement la droite dont les doigts seuls apparaissent, nous pouvons nous aussi voir ces mains qui avaient tant béni et guéri.

La perforation de la main gauche par le clou est visible au poignet à un peu plus de huit centimètres de la tête du troisième métacarpien. Mais, diriez-vous, l'Évangile parle de main et vous dites poignet, n'y a-t-il pas contradiction entre le texte sacré et ce que vous dites être son illustration.

La réponse consistera à demander que nous nous mettions d'accord sur les mots main et poignet.

Le poignet est une région à cheval sur l'avant-bras et la main et pour le définir à des enfants on le compare à une frontière qui est la ligne idéale séparant deux pays, mais qui en elle-même n'appartient ni à l'un ni à l'autre. L'avant-bras se termine avec le radius et le cubitus. La main commence avec les os du carpe pour se terminer à l'extrémité des doigts.

La plaie, comme nous venons de le mesurer étant située à 8 centimètres de la tête d'un métacarpien ne peut

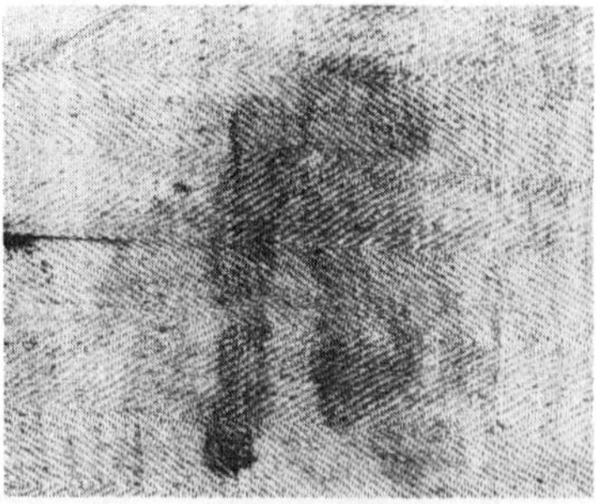

donc pas être localisée dans l'avant-bras, entre le radius et le cubitus. Au contraire, la mensuration que nous avons opérée nous prouve que c'est au centre des os du carpe que le clou a été enfoncé ; comme l'a prouvé celui auquel se réfèrent tous ceux qui traitent de la question des plaies des mains : le Docteur Pierre Barbet.

Les expériences du Docteur Barbet

Ayant assisté incidemment à une conférence que le P. Michel Riquet avait demandé au P. d'Armailhacq pour ses étudiants en médecine de la Conférence Laënnec, le Docteur Pierre Barbet, chirurgien de l'Hôpital Saint-Joseph de Paris, qui n'avait rien d'un rêveur prêt à accepter n'importe quelle explication, demanda au conférencier si des expériences avaient été faites pour constater s'il était possible de faire pénétrer un clou à l'endroit indiqué par le Linceul, et cela sans briser d'os, l'Ecriture précisant qu'aucun des os de l'Agneau ne serait brisé [23].

Le P. d'Armailhacq répondit que si souhaitable que soit l'expérience, aucun médecin ne l'avait tentée.

A partir de ce jour, en chirurgien consciencieux qu'il était, Barbet multiplie les expériences, et d'assez sceptique au commencement devient l'un des plus ardents et compétents défenseurs de l'authenticité. Trop ému pour parler des souffrances atroces qu'il comprenait ainsi, il me chargea de faire à sa place les conférences qu'on lui demandait. Ses conclusions restent valides, elles sont

23. Ex 12, 46 cité par Jn 19, 36.

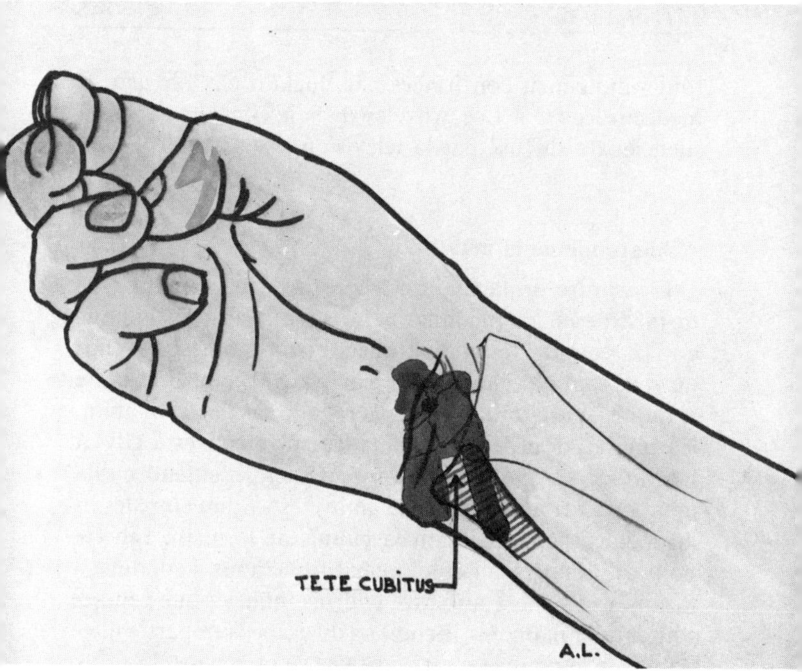
TETE CUBITUS
A.L.

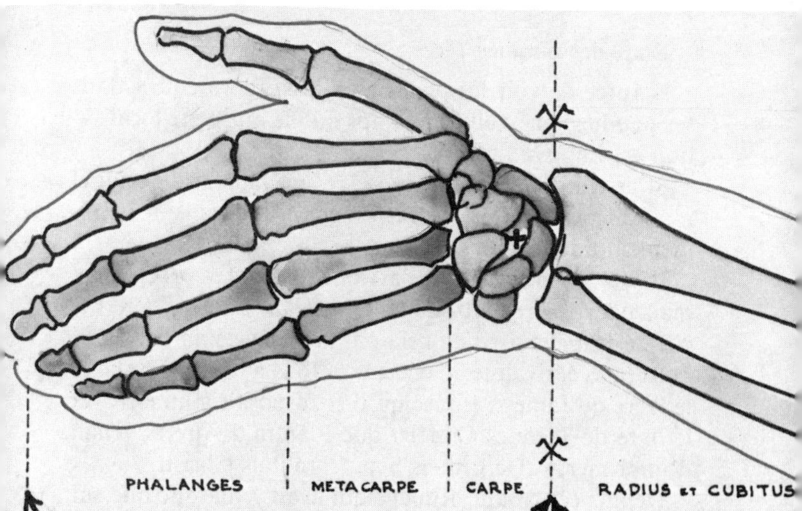
PHALANGES
METACARPE
CARPE
RADIUS ET CUBITUS
MAIN
BRAS

tout simplement confirmées par Bucklin pathologiste et médecin légiste à Los Angeles dans le film « Le témoin silencieux » diffusé par la télévision le 9 avril 1979.

Anatomie de la main

L'ossature de la main est constituée par le carpe, le métacarpe et les phalanges. Lorsque l'Ecriture indique que la main de Jésus fut trouée, nous sommes prévenus qu'il ne faut par chercher la plaie dans l'avant-bras entre le radius et le cubitus, comme ce fut le cas de Jehohanan, le crucifié, dont les ossements furent retrouvés à Giv'at ha-Mivtar en 1968. Mais l'auteur sacré n'entend nullement préciser au milieu de la main c'est-à-dire entre les os du métacarpe constituant la paume de la main. Liberté nous est donnée, si l'étude scientifique nous y conduit, à localiser la plaie à un autre endroit, pourvu que celui-ci soit dans la main. Or les huit os du carpe font partie intégrante de la main et c'est au centre de ce groupe d'os que le clou fut planté, au témoignage du Linceul.

Plaie des paumes ?

A force de voir les plaies du Christ représentées dans ses paumes, on avait longtemps oublié que cette localisation est impossible.

Si le Linceul était l'œuvre d'un faussaire, celui-ci n'aurait pas manqué de respecter l'emplacement unanimement admis.

Il y a cependant dans l'art quelques rares exceptions, mais *elles dérivent toutes de l'étude du Linceul.* C'est le cas de Rubens suivi en cela par son élève Van Dick.

Rubens écrivait le 26 décembre 1624 à son ami Valavès le frère du fameux Piresc qu'il se disposait à lui envoyer le livre de Jacques Chifflet que Plantin d'Anvers venait d'imprimer, « De Linteis Sepulchralibus Christi... »

Depuis cette date, Rubens qui avait remarqué que sur le Linceul, les plaies des mains n'étaient pas situées en pleine paume, les déplaça dans ses peintures et il fit profiter ses élèves de ce qu'il venait de découvrir. D'autres rares artistes, qui, par souci de réalisme, avaient encloué des cadavres par les paumes s'étaient vite rendus compte que sous le poids du corps, les chairs se déchiraient rapidement laissant choir le cadavre sur le sol « comme l'a montré l'expérience réalisée par des peintres et des sculpteurs de talent sur les cadavres en vue d'en faire le portrait » écrivait Palleotto [24].

Il faudrait pour qu'il n'y ait pas de déchirure, opérer comme l'ont fait Donnadieu (1903) et Eskanazy (1938), en utilisant des mains desséchées de cadavres déjà anciens.

Voici ce que dit Barbet [25] : « Si le clou est enfoncé traditionnellement en pleine paume, entre le troisième et le quatrième métacarpien, il perfore la peau et l'aponévrose palmaire, peut blesser l'arcade artérielle superficielle, se glisse entre les tendons fléchisseurs, traverse les muscles interosseux et ressort entre les tendons extenseurs. Le corps suspendu tire sur le clou. Sur quels organes transversaux celui-ci peut-il s'appuyer ? Quelques fibres transversales de l'aponévrose palmaire ; devant les têtes métacarpiennes un maigre ligament palmaire transverse ; plus bas au niveau de la commissure, un autre petit ligament palmant. Ceux qui ont disséqué quelques mains savent que c'est bien peu de choses. Tous les organes sont verticaux... »

La loi ne permettant pas d'opérer sur un cadavre frais mais seulement vingt-quatre heures après la mort, Barbet a pensé qu'il y avait mieux à faire en réalisant l'expérience avec les pièces d'amputation, dont les muscles et les nerfs comme ceux d'un mort récent réagissent encore aux excitations électriques et même mécaniques.

Barbet conte ainsi l'expérience qu'ensuite il renouvelle maintes fois avec les mêmes résultats : « Venant d'ampu-

24. Mgr Alphonso Palleotto, archevêque de Bologne prélat aussi pieux que savant, qui aux côtés de Saint Charles Borromée participait à la première ostension de Turin en 1578 publia la même année un livre remarquable d'où est extraite cette citation : « Explication du Linceul où fut enveloppé N.S. et des Plaies imprimées sur lui par son précieux sang ».

25. Dr P. BARBET, *La Passion de Jésus-Christ selon le chirurgien*, huitième édition, page 145.

ter un bras au tiers supérieur chez un homme vigoureux, j'ai planté mon clou carré de 8 millimètres de côté (clou de la Passion) en pleine paume dans le troisième espace. J'ai suspendu doucement au coude quarante kilos [26]. Après dix minutes, la plaie s'est étirée, le clou était au niveau des têtes métacarpiennes. J'ai provoqué alors une secousse très modérée de l'ensemble et j'ai vu le clou franchir brusquement le point de l'espace rétréci par les deux têtes métacarpiennes et déchirer largement la peau jusqu'à la commissure. Une deuxième secousse légère a arraché ce qui restait de peau ».

Même en tenant compte de l'appui sur les pieds, il est donc certain que les clous ne pouvaient être plantés dans les paumes sans provoquer rapidement leur déchirure.

Les stigmatisés

Les stigmatisés du passé, ou ceux assez nombreux qui sont nos contemporains, reproduisent-ils dans leur chair les marques de la Passion d'une manière rigoureuse ?

A cette question il ne faut pas hésiter de répondre par la négative. S'il en était ainsi, les plaies seraient chez tous localisées d'une manière identique, et ce n'est pas le cas ; les variantes sont très grandes. Les mains de Saint François d'Assise paraissaient clouées avec des clous dont les têtes étaient dans les paumes, hors de la chair. Leurs pointes ressortaient sur le dos des mains où elles étaient retournées et rabattues. Et les têtes des clous étaient rondes et noires. Après sa mort, l'on a constaté que les clous des mains et des pieds étaient mobiles dans les tunnels qui les logeaient. La tête des clous étant à la plante des pieds, leur pointe ressortant sur le dessus du pied, il est bien évident que c'était l'inverse qui eut lieu pour la crucifixion du Christ. Pour lui la tête du clou était sur le pied et non en-dessous. Cet exemple devrait suffire pour démontrer qu'il ne faut pas chercher sur le corps des stigmatisés une exacte reproduction des plaies du Christ. D'ailleurs la

26. Dans la réalité, c'est un poids d'environ quarante-cinq kilos qui tirait sur chaque clou des mains du Crucifié étant donné l'obliquité des bras.

localisation et la forme des blessures des mains, par exemple, varient notablement d'un stigmatisé à un autre. Tantôt le stigmate est au centre de la paume, tantôt se rapproche du bras. A Sainte Brigitte, la Sainte Vierge aurait déclaré : « Les mains de mon fils furent transpercées à l'endroit où l'os était le plus solide », donc pas entre les métacarpiens. Il y a une notable différence entre les stigmates du premier stigmatisé canonisé, Saint François d'Assise et ceux de la dernière canonisée Sainte Gemma Galgani [27] pour ne pas parler de nombreux autres saints. La plaie du côté est située tantôt à droite, tantôt au côté gauche.

Une mystique disait : « Surtout ne cherchez pas à vouloir faire accorder entre eux ceux que le Seigneur a favorisés de révélations ou de marques particulières, vous n'y arriverez jamais, Dieu nous laisse le soin de faire de l'archéologie, lui donne ce qui est utile et peut être compris de ceux auxquels il s'adresse, tenant compte de leur mentalité particulière. Tenez vous aux données sûres du Saint-Suaire de Turin ».

Lorsque Dieu place des stigmatisés sur notre chemin, ce n'est pas pour satisfaire notre curiosité mais uniquement pour nous montrer les marques de son amour pour nous. Thérèse Neumann, la célèbre stigmatisée de Konersreuth [28] a dit : « Ne croyez pas que N.S. a été cloué dans les paumes ; là où j'ai mes stigmates, ces marques n'ont qu'une signification mystique, Jésus devait être fixé plus solidement sur la croix. Moi je n'ai qu'une marque d'union à ses souffrances. Dans mes visions de Jésus en croix, ce n'est d'ailleurs pas à cet endroit où je les vois ».

L'on peut remarquer au passage que si ses stigmates étaient le fruit de son imagination ils se seraient produits à l'endroit où elle croyait les voir dans ses visions. Si au contraire ses visions avaient été influencées par les stig-

27. Morte en 1903, le Samedi Saint.

28. Elle connaissait bien le Sainte Face de Turin dont peu avant sa mort, le 18 septembre 1962, elle me fit parvenir une image. Sur cette Face, elle avait spontanément décrit des détails qui à l'époque n'avaient été décelés que par deux sindonologues (parcours des larmes).

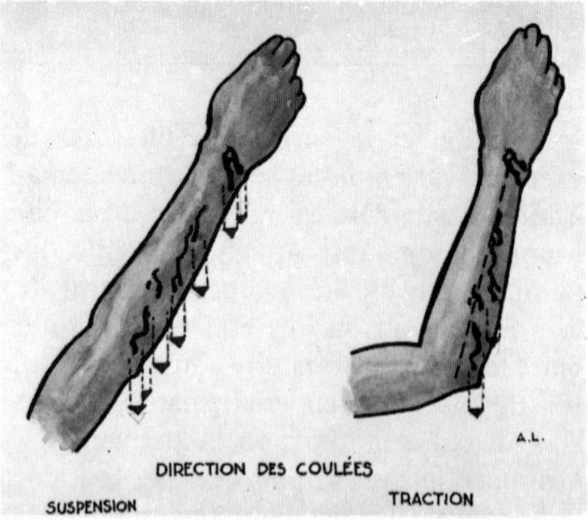

mates visibles sur son corps, elle aurait vu les plaies du Christ aux endroits où elle-même en était marquée.

Bref il serait vain de chercher un antagonisme entre les marques des stigmatisés et les empreintes du Linceul.

Angulation des bras en croix

Pendant longtemps, pour déterminer une angulation des bras du Christ en croix, l'on n'a prêté attention qu'aux coulées qui sur les avant-bras étaient parallèles à celles de la plaie du poignet.

A la sortie de cette blessure, le sang s'est séparé en deux coulées presque parallèles, séparées l'une de l'autre par la saillie du cubitus qu'elles ont nécessairement contourné pour s'écouler obligatoirement verticalement vers le sol (illustration page 144).

Barbet a écrit : « J'ai longtemps médité sur cette image bizarre (ce sont les plus instructives et les plus vraies de toute cette étude) sans en voir la signification ».

L'hypothèse que l'une de ces coulées s'est produite lors de la mise au tombeau est inconcevable ; il faudrait pour admettre cette idée que lorsque l'on a abaissé le bras au devant du corps, le sang soit remonté dans une direction opposée à celle imposée par les lois de la pesanteur.

De l'angulation de ces coulées par rapport à l'axe du bras, l'on a pensé pouvoir conclure que l'angle des bras en croix était voisin d'environ 90 degrès. D'autant plus (le sang s'écoulant toujours à la verticale) que l'on observe sur les avant-bras un certain nombre de coulées d'une direction identique à celles remarquées au poignet, et indiquées sur le schéma ci-contre par des flèches.

L'angulation ainsi déterminée était-elle constante ? Non. Et cela exclut un ficelage du Christ en croix. En ce cas nous ne verrions pas ces coulées en deux sens qui correspondent à deux angulations différentes des bras en croix et prouvent ainsi que le supplicié a dû effectuer des mouvements de surrection pour lutter contre l'asphyxie.

Dans cette attitude, la poitrine étant en inspiration forcée se gonfle d'air et seule la respiration est possible. Bientôt l'air vicié emplit la poitrine amenant infailliblement l'asphyxie.

Mais comment le sang provenant de la plaie du poignet était-il parvenu jusque vers le coude ? C'est qu'il ne pouvait pas couler obliquement jusque là. Les saillies musculaires n'étaient pas assez importantes pour canaliser l'écoulement dans une direction oblique contraire aux lois de la pesanteur.

Force est donc d'admettre que les écoulements qui suivent la direction de l'axe des avant-bras se sont produits lorsque cet axe se rapprochait de la verticale.

Cette position correspond à une seconde angulation des bras en croix et pour qu'elle se réalise, il faut que la victime, prenant appui sur les clous des pieds remonte son corps d'environ 20 centimètres ; les bras seuls n'auraient pas assez de force pour effectuer cette traction.

Ce mouvement est obligatoire pour que la poitrine qui en suspension, avait aspiré un air devenu vicié, puisse le refouler, évitant ainsi la mort par asphyxie qui vraisemblablement se produirait en moins de 6 minutes.

La position quasi verticale des avant-bras dans le mouvement que nous venons de décrire pourrait également être réalisée par un déplacement latéral du buste, faisant supporter le poids du corps à une seule main comme l'a supposé Mgr Ricci ; mais dans ce cas, l'étouffement résultant de la traction continuerait, ce mouvement ne libérant pas les muscles respiratoires, il en résulterait toujours pour le patient l'impossibilité de pouvoir parler.

Au bout de quelques minutes de suspension, l'on constate également un essoufflement croissant paralysant la parole. C'est seulement dans le mouvement de surrection que le sujet reprenant son souffle peut s'exprimer. Quand le Christ a prononcé les brèves paroles rapportées par les évangiles, il devait être dans cette attitude où les avant-bras étaient presque verticaux dans la position de l'orant.

En 1952, j'ai recueilli et publié les témoignages de déportés de Dachau. Les suppliciés restaient suspendus entre trois et six heures et c'est seulement lorsqu'ils n'avaient plus la force de faire de tractions que la mort intervenait très rapidement.

Après reconstitution sur le vivant, l'écartement des clous du poignet se révèle être d'environ 1,08 mètre, l'inclinaison des avant-bras coïncide parfaitement avec les coulées parallèles à celles du poignet.

Sans inconvénient pour la direction des coulées suivant l'axe de l'avant-bras l'on peut diminuer leur écartement, mais lorsque le corps s'affaisse dans l'autre position, les coulées transversales ne suivent plus la verticale. Inversement si l'on augmente l'écartement des bras, il y a compatibilité avec les coulées transversales (telles celles du poignet) mais celles qui s'écoulent sur l'avant-bras ne pourront couler à la verticale lors du redressement du corps.

Par contre l'écartement de 1,08 mètre environ est compatible avec les deux directions des coulées observées sur le Linceul.

Expérimentation

Avec des mains fraîchement amputées, possédant encore l'excitabilité musculaire du vivant qui cesse au bout de six heures dans les muscles striés, et 9 heures dans les muscles lisses, le Dr Pierre Barbet à dix-huit reprises, a renouvelé l'enclouement de la main en plaçant

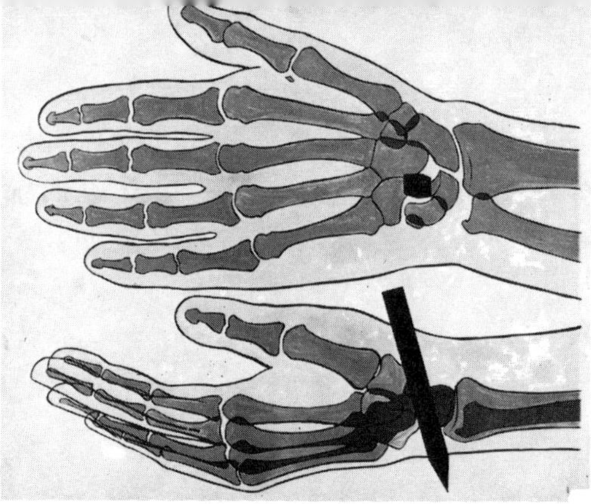

A.L.

le clou au point précis où sur le Linceul est située la plaie de la main. Voici ce qu'il a noté [29].

« Ayant fait une amputation au tiers supérieur, j'ai pris aussitôt après l'opération un clou de section carrée, de 8 millimètres de côté (ceux de la Passion). La main étant à plat, la face dorsale sur une planche, j'ai placé la pointe du clou sur le milieu du pli de flexion du poignet, le clou bien vertical. Puis, avec un gros marteau j'ai tapé sur le clou, comme un bricoleur qui veut planter droit une pointe et comme un bourreau qui sait taper fort.

J'ai répété la même expérience sur d'autres mains d'hommes. Les constatations ont été toujours exactement identiques.

Les parties molles traversées, le clou aborde le carpe et malgré ma main gauche qui le serre, je le sens obliquer un peu en dedans, pénétrer sans résistance et sans fracas, puis s'incliner un peu de sorte que la base penche vers les doigts, la pointe vers le coude, puis ressortir à travers la peau dorsale à un centimètre environ au-dessus du point d'entrée, ce que je constate après avoir arraché le clou de la planche.

Sur la radiographie faite immédiatement, de profil, le clou, un peu oblique en arrière et en haut passe entre les projections du semi-lunaire et du grand os qui sont intacts.

La radio de face est encore plus intéressante, l'ombre du clou carré apparaît rectangulaire, du fait de son obli-

29. Docteur P. BARBET, *La Passion de N.S. Jésus-Christ selon le chirurgien*, huitième édition, p. 147.

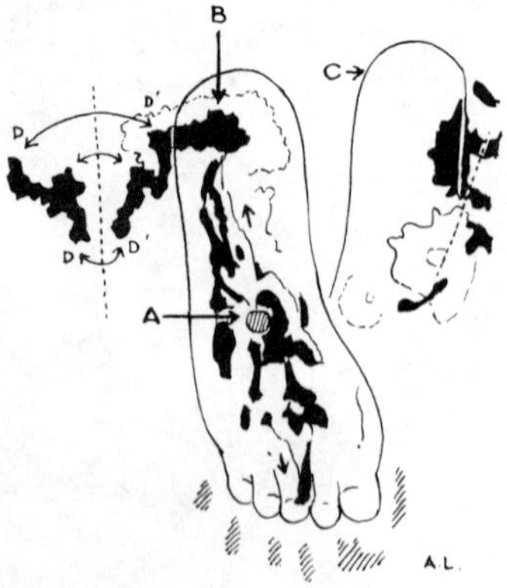

quité. Le clou est entré dans l'espace de Destot. Il a écarté « sans en briser un seul » les quatre os qui le bornent, se contentant de l'élargir à sa taille.

La dissection de la pièce me confirme les constatations radiographiques.

Mais ces expériences me réservaient encore une autre surprise. J'ai toujours constaté qu'au moment où le clou traversait les parties molles antérieures, la paume étant en-dessus, le pouce se fléchissait brusquement et surtout s'opposait dans la paume, par contraction des muscles thénariens en même temps que les quatre doigts se fléchissaient très légèrement probablement par excitation mécanique réflexe des tendons longs fléchisseurs.

Les dissections m'ont révélé que le tronc du nerf médian était toujours gravement lésé par le clou, sectionné, broyé au tiers, à moitié ou aux deux tiers, suivant les cas mais toujours dans sa partie interne, qui est uniquement sensitive. Jamais il n'était entièrement sectionné.

Le nerf médian, tendu dans sa partie externe, motrice intacte, sur le clou, en recevait une excitation mécanique à chaque mouvement. Le Christ a donc dû agoniser et mourir et se fixer dans la rigidité cadavérique, avec les pouces opposés dans les paumes. Et voilà pourquoi, sur le Linceul les deux mains vues d'en arrière ne présentent que quatre doigts, pourquoi les deux pouces sont cachés dans les paumes », et Barbet de conclure : « Un faussaire aurait-il imaginé cela ? »

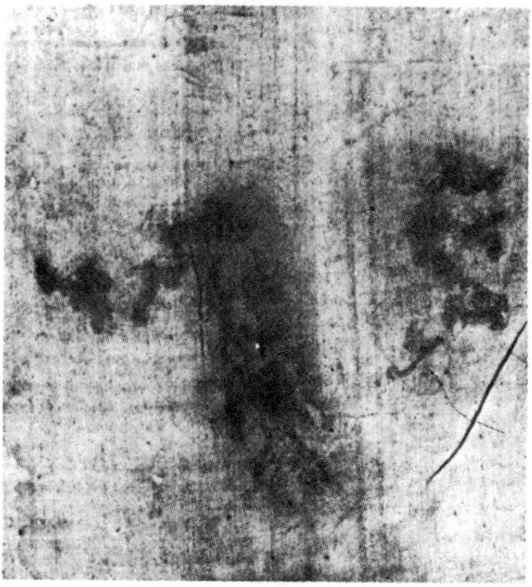

Plaies des pieds

Sur l'image postérieure du Linceul, les deux pieds sont croisés. La plante droite seule a laissé son empreinte totale. Le pied gauche étant croisé au-dessus n'a marqué que partiellement dans la région du talon.

Des coulées de sang s'étendant latéralement, hors des empreintes plantaires, ne les rendent pas très lisibles à première vue. Nous étudierons ces coulées lors de la description de l'ensevelissement.

Les pieds étant croisés, leurs extrémités se superposant, il est bien évident qu'ils étaient dans cette attitude sur la croix, maintenus dans cette position par la rigidité cadavérique, car après la mort, les pieds loin de se croiser ont au contraire toujours tendance à s'écarter vers l'extérieur.

Pour bien discerner l'emplacement des clous des pieds il est nécessaire de se reporter à la figure ci-contre.

Le bord interne du pied droit est plus flou à la partie moyenne correspondant à la concavité de la voûte plantaire. L'on distingue avec quelque difficulté l'empreinte des cinq orteils, ainsi que l'extrémité du talon, ce qui donne l'illusion d'un pied un peu court.

Le trou de sortie du clou se discerne assez bien, donnant origine à une coulée se dirigeant vers les doigts de pied, c'est là évidemment le sang qui a coulé sur la croix. Une autre coulée s'est échappée en direction du talon, lorsque le corps fut couché pour l'ensevelissement.

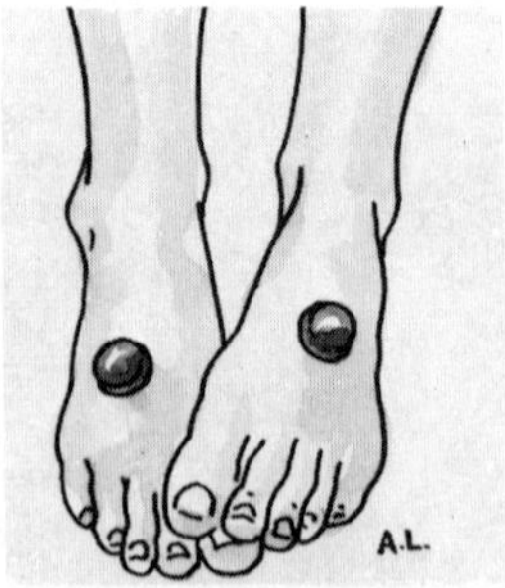

Le clou était enfoncé sous le massif des os du tarse entre les deuxième et troisième métatarsiens.

Ces coulées présentent des caractères très différents. Dans le sang qui s'est écoulé sur la croix, l'on discerne d'étroites coulées plus claires provoquées par le sérum, c'était du sang vivant.

Par contre le caillot de sang qui s'est libéré de la plaie du pied et est venu buter contre le talon présente la caractèristique du « sang mort » le caillot ayant exsudé son sérum qui, très loin autour de l'image sanglante, forme un halo. Le clou avait dû franchir très facilement l'épaisseur du pied ne provoquant qu'une hémorragie peu importante, aucune veine ni aucune artère n'étant atteintes à cet endroit.

Sur l'empreinte antérieure, les rotules sont visibles au niveau des bords supérieurs des pièces de tissu de réparation. Le genou gauche est nettement en avant du droit, qui est un peu en-dessous, le Linceul posait seulement sur le devant de la jambe, mais plus bas (en-dessous de la partie correspondant au mollet) l'étoffe a légèrement enveloppé les jambes provoquant un élargissement de l'image qui, à tort, a été interprété comme correspondant aux mollets.

Le dessus du pied a peu marqué ; le tissu ayant dû être coincé entre les doigts de pied devait faire pont à cet endroit. De ce fait, il est impossible de déterminer sur l'image antérieure la place des blessures. Seules deux petites taches de sang qui devaient se superposer se situent à l'extrémité du pied.

Un ou deux clous ?

Y avait-il un clou ou deux ? Etant donné la superposition des pieds, longtemps je me suis rangé à l'avis général qu'un seul clou avait été nécessaire pour fixer les deux pieds l'un sur l'autre. Il est évident que la chose est possible, surtout sur un cadavre qui est inerte, mais dès que l'on veut superposer les pieds d'un vivant, l'on se rend compte qu'il est très difficile de les placer de telle sorte que l'emplacement du trou de chaque pied se superpose. Si les bourreaux avaient voulu enclouer ainsi les deux pieds avec un seul clou, vu les réactions inévitables de leur victime, il leur aurait été extrêmement difficile de réussir ce tour de force. Sur la croix les deux pieds (leurs extrémités se superposant comme le montre l'image plantaire du Linceul) devaient être fixés par deux clous. La rigidité cadavérique les a maintenus exactement dans leur position initiale.

Asphyxie ou hémorragie ?

Etant donné l'élévation des mains en croix, le sang n'affluait pas vers elles, et cesse de s'écouler, d'autres écoulements sanguins ne se sont pas superposés à ceux du début. Les coulées visibles sur les avant-bras par leur volume, somme toute restreint, en sont la preuve. Aux pieds, aucune veine ou artère importante n'était lésée ; l'hémorragie a été également de peu d'importance.

Il est hors de doute que Jésus n'est pas mort comme on le dit si souvent en répandant tout son sang sur la croix. Ainsi présentée l'affirmation est anatomiquement parlant exagérée. Par contre ce qui est vrai, c'est qu'après sa mort, le sang qui ne s'était pas écoulé antérieurement s'est totalement répandu.

Si donc ce n'est pas la perte de sang qui a entraîné la mort, quelle est la cause de celle-ci ?

Devant abandonner l'idée de la mort par hémorragie il reste à examiner si ce n'est pas l'asphyxie qui déterminait la mort des suppliciés.

La mort des crucifiés était beaucoup plus atroce que celle provoquée par un lent épuisement sanguin. Après

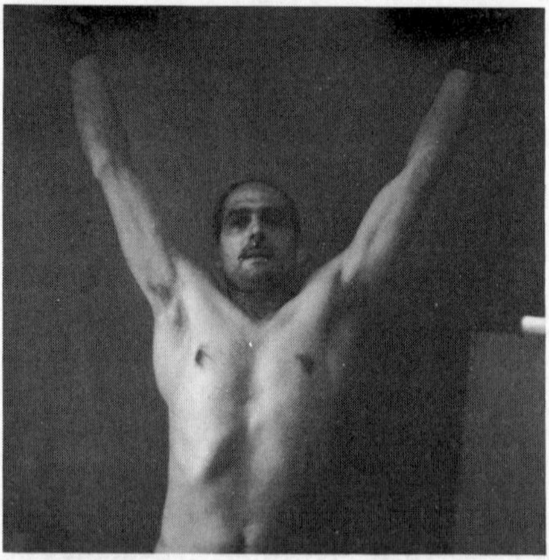

Reconstitution de suspension en croix

des heures de lutte contre elle, c'est l'asphyxie qui déterminait la mort.

Lorsqu'un homme est suspendu par les mains il peut aspirer normalement. L'air emplit rapidement sa poitrine en inspiration forcée. Mais il ne peut expirer, bientôt l'air vicié emplit ses poumons, l'asphyxie commence. Il doit faire alors une traction sur ses bras, afin que sa poitrine en extension puisse reprendre une certaine liberté de mouvement, alors seulement, l'air vicié emplissant la poitrine sera évacué. Si cette sorte de gymnastique ne se renouvelait pas constamment, l'asphyxie se produirait. En moins de six minutes, semble-t-il, l'issue serait fatale.

Ce qui vient d'être décrit, l'auteur de ce livre l'a personnellement expérimenté. Il s'est fait suspendre sous contrôle médical afin de mieux tester les effets de la suspension par les poignets. Que résulte-t-il ? Les patients ressentent une forte congestion de la poitrine qui fait rosir celle-ci. L'impression d'un cercle de fer autour de la tête est également ressentie et si l'on prolonge encore l'expérience d'une minute, des troubles visuels se déclarent provoquant une perte d'équilibre du sujet lorsqu'il est détaché.

En mars 1948 après avoir décrit les attitudes du Christ en croix luttant contre la mort, dans l'amphithéâtre de l'une de nos grandes écoles nationales, quel n'a pas été mon étonnement lorsqu'un élève d'origine luxembourgeoise M. R. Gieser qui, après avoir été enrôlé de force dans l'armée allemande, avait subi la déportation à Dachau me demanda si moi aussi, je n'y avais pas séjourné. Ma réponse négative le surprit car la description de l'agonie des crucifiés qui venait d'être faite coïncidait très exactement avec les tortures qu'il avait vu infliger à d'autres déportés au cours de l'hiver 1943-44.

Sur la croix le patient tendait à s'affaisser sur les genoux qui fléchissaient, la suspension étant presque uniquement assurée par les mains.

Dans cette position, les crampes douloureuses se produisaient dans tous les muscles, en particulier les muscles respiratoires. Sous l'action du muscle grand pectoral notamment, la poitrine en inspiration forcée ne pouvait plus refouler l'air vicié et l'asphyxie commençait. Mais au prix d'une douleur nouvelle ; le supplicié se raidissait sur le clou qui fixait ses pieds ; les bras soulagés laissaient quelque liberté à la poitrine, et le malheureux pouvait reprendre haleine. Puis le corps retombait de nouveau pour se raidir encore. Il luttait contre la tétanisation (crampes généralisées) qui aurait rapidement déterminé la mort, comme l'affirme le Docteur Hyneck [30].

Dans la première attitude, tout le poids du corps était supporté par les clous traversant l'espace de Destot, permettant exclusivement l'inspiration.

Dans la seconde attitude, l'aide des membres inférieurs était absolument indispensable pour élever le niveau de la poitrine. Sans aide, les bras (étant donné leur angle de suspension) n'auraient pas eu assez de puissance pour opérer une traction suffisante. Seul, le raidissement des jambes, en diminuant la distension oblique des bras, rendait l'expiration possible.

Les bourreaux avaient observé cela. En brisant les jambes des condamnés, ils enlevaient le point d'appui qu'offraient les pieds et mettaient ainsi fin à cette sorte de gymnastique douloureuse nécessaire au maintien du rythme respiratoire.

30.Docteur HYNECK, membre de l'Académie de médecine de Prague, « *Le martyre du Christ* », éditions Aubanel, 1937.

Dachau

A Dachau

Quelques jours après ma rencontre avec M. R. Gieser, un prêtre, le Père G. Delory qui avait été aumônier clandestin des jeunes au S.T.O en Allemagne, et, comme beaucoup de ses confrères, avait payé sa fidélité à sa mission sacerdotale par la déportation à Dachau confirmait en tous points le récit du premier témoin.

C'est d'après les observations de ces deux témoins oculaires que j'ai rédigé aussi succinctement que possible les notes suivantes pour le Congrès international de Sindonologie en 1950 ou elles furent lues par mon ami le Dr P. Barbet [31].

Le ministre Edmond Michelet, héros de l'Eucharistie à Dachau, m'a certifié l'exactitude de ce récit.

A Dachau les condamnés étaient suspendus à une barre horizontale par des lanières passées autour des poignets.

Dès le premier quart d'heure, le supplicié commençait à faire des tractions, mais relativement faibles et de peu d'amplitude. Les tractions allaient ensuite en s'amplifiant et en s'accélérant, (d'où un fort échauffement du corps et l'épuisement consécutif avec sueurs).

Après une heure de suspension, le patient ne pouvait plus expirer l'air vicié qui lui emplissait la poitrine et opérait des tractions sur les bras à raison d'environ une trac-

31. Note publiée in-extenso dans le n° 19 (décembre 1952) de la revue « *Médecine et Laboratoire* » sous le titre « *Du gibet du Golgotha à ceux de Dachau* ».

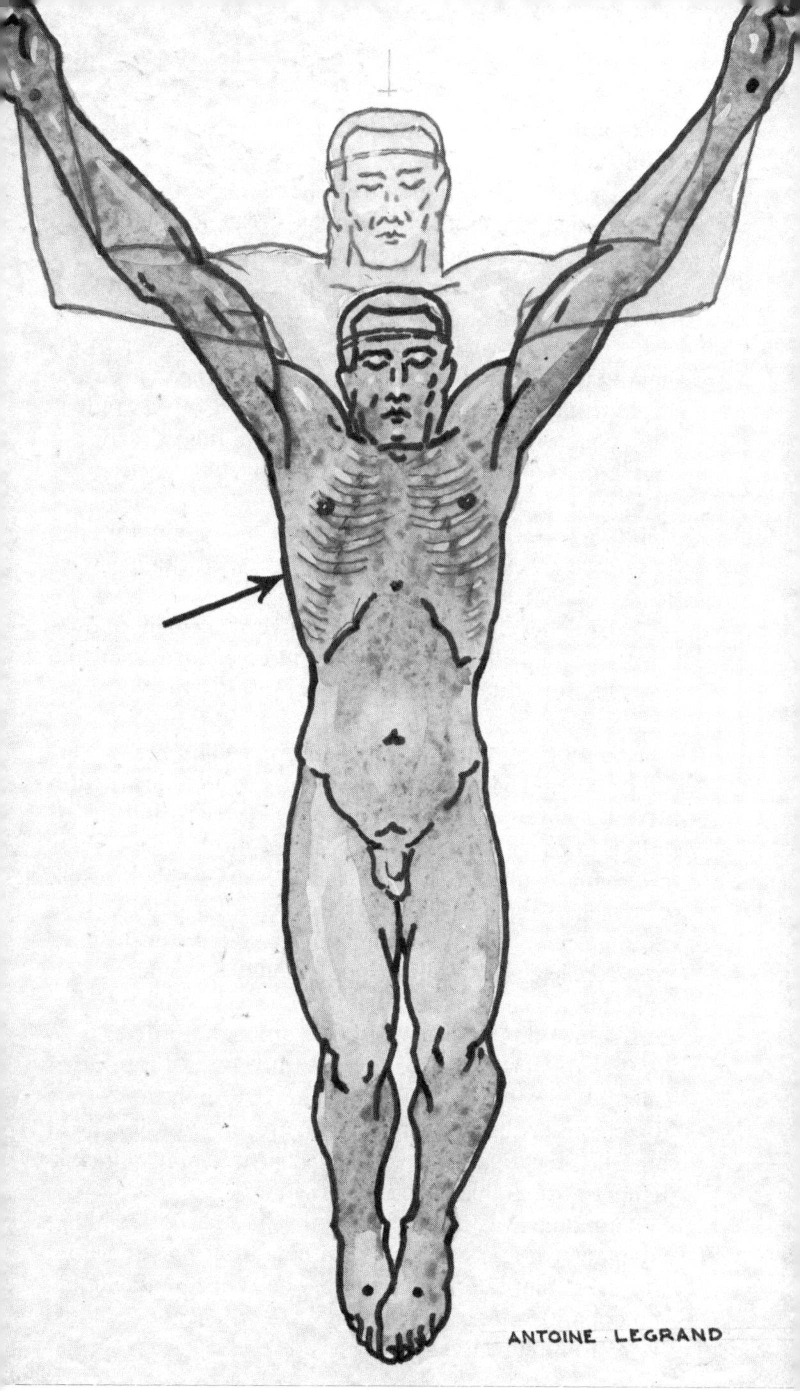
ANTOINE LEGRAND

tion toutes les deux minutes. Avec le temps, les tractions faiblissaient.

Il arrivait qu'un individu particulièrement vigoureux se maintienne en traction pendant assez longtemps (30 à 70 secondes) pour reprendre son souffle. A ce moment, on lui alourdissait les pieds en y suspendant des poids.

Ce n'est que vers la fin du supplice, où les forces du patient le trahissant, que l'asphyxie commençait avec une rapidité allant de deux à quatre minutes. Pour les individus robustes, on enlevait le poids, ce qui faisait revivre le condamné en lui permettant de nouvelles tractions et ainsi on prolongeait le supplice.

La cage thoracique était gonflée au maximum, par contre, le creux épigastrique était extrêmement accusé et le ventre également très rentré.

Lorsque les bras étaient attachés verticalement dans le prolongement du corps, la mort intervenait au bout de trois heures et de six heures si les bras étaient plus écartés.

Attention ! L'angle des bras du Christ étant plus ouvert que celui des victimes de Dachau, la force de traction des bras aurait été insuffisante pour élever la poitrine. Il fallait donc l'aide des jambes. La rupture des membres inférieurs équivalait pour le crucifié aux poids mis aux pieds des suppliciés de Dachau. Dans les deux cas, le résultat était le même, maintenir la poitrine en inspiration forcée et ainsi déterminer l'asphyxie rapide.

La sueur mouille tout le corps, cheveux et barbe compris. Etant donné la température ambiante, inférieure à 0° (hiver 1943-1944), R. Gieser estime « qu'il faut attribuer les gouttes sur barbe et cheveux, non aux effets directs de la sudation, mais à une recondensation de la buée de sueur sur les cheveux et la barbe, à la faveur de la température ambiante très basse ».

Au moment de la fin du supplice, la sudation semblait augmenter car le corps refroidi n'assurait plus d'évaporation. Il faut aussi tenir compte de la sueur psychique, qui apparaissait au moment où l'individu abandonnait la lutte et entrevoyait sa fin.

Les gouttes coulaient grosses et tombaient canalisées par les gros orteils pour former sur le sol cimenté des flaques humides de peu d'étendue.

La chute de cette sueur précise le Père G. Delory, était pour les détenus, témoins forcés des tortures, le signal que leurs malheureux camarades n'avaient plus qu'une ou deux minutes à vivre.

Après la mort, la partie inférieure du ventre se ballonnait mais le creux épigastrique restait considérablement accentué. La coloration de la peau est violette. La tête retombe en avant dans l'axe du corps dont la rigidité est extrême.

Ni avant ni après la mort les deux témoins cités n'ont observé les réactions que les phantasmes d'un mysticisme érotique et *dépravé ont récemment attribuées au Christ* et rapportées dans un factum que les « Actes » d'un congrès récent n'ont pas eu la décence de laisser dans l'ombre. La thèse en question ne repose que sur l'imagination. Le témoin n'a jamais dit cela. Il suffit ; mais, il fallait renvoyer cette hypothèse à son néant.

Art et anatomie

Le Cardinal Palleotto [32] constate que le clou n'était pas dans les paumes « parce que le clou n'aurait pas soutenu le poids du corps, mais par ce poids, la main se serait déchirée » comme l'a montré l'expérience réalisée par des peintres et des sculpteurs de talent sur des cadavres, dans le but d'en faire le portrait.

Comme on le voit, l'art et l'anatomie font bon ménage, l'une servant l'autre.

Rubens, qui par ailleurs connaissait approximativement la localisation de la blessure des mains comme nous l'avons vu, a jusqu'à la fin de sa vie placé les clous vers le poignet et son élève Van Dick sans doute instruit par lui a suivi l'exemple de son maître.

De nos jours un chirurgien doublé d'un artiste remarquable, le Dr Charles Villandre a réalisé en sculpture un

32. PALLEOTTO, « *Explication du Linceul...* », Bologne, 1578.

crucifix s'inspirant des données du Linceul de Turin en tenant compte des observations de son collègue et ami le Dr Pierre Barbet qui dans ce but avait crucifié un cadavre.

De mon côté, j'ai traduit par le dessin le résultat de mes recherches personnelles schématisées ci-contre.

Rupture des jambes

« Arrivés à Jésus, voyant qu'il était déjà mort, ils ne lui rompirent pas les jambes » (Jn 19 33).

Sur le Linceul, au-devant des jambes, aucune lésion importante n'est visible, seules de fines traces séreuses obliques laissées par les lanières de la flagellation sont perceptibles. Il est évident que, si les jambes avaient été brisées cela aurait occasionné des blessures suffisamment importantes pour que l'empreinte du Linceul les ait enregistrées. Les témoignages de Dachau et les expériences faites avec un groupe de gymnastes professionnels très entraînés, imposent une conclusion : si le sujet ne pouvait plus faire les mouvements alternés qui lui permettent de stopper l'asphyxie, la mort interviendrait.

En elle-même, la rupture des jambes appliquée aux deux compagnons du Christ n'est pas mortelle, mais elle supprime le point d'appui indispensable et entraîne ainsi une mort rapide. Car les bras seuls n'ont pas assez de force pour opérer les tractions qui seraient indispensables au maintien de la vie.

Les ossements du crucifié retrouvé à Jérusalem dont nous allons parler plus loin, montrent que les jambes ont été brisées.

Ce bris des jambes semble avoir été un coup de grâce, comme aujourd'hui la balle à bout portant. Il avait l'avantage, pour le bourreau, d'obtenir une mort aussi certaine que rapide par un simple coup de barre. Ainsi les soldats obligés de rester en faction jusqu'à la mort des condamnés pouvaient-ils rentrer chez eux.

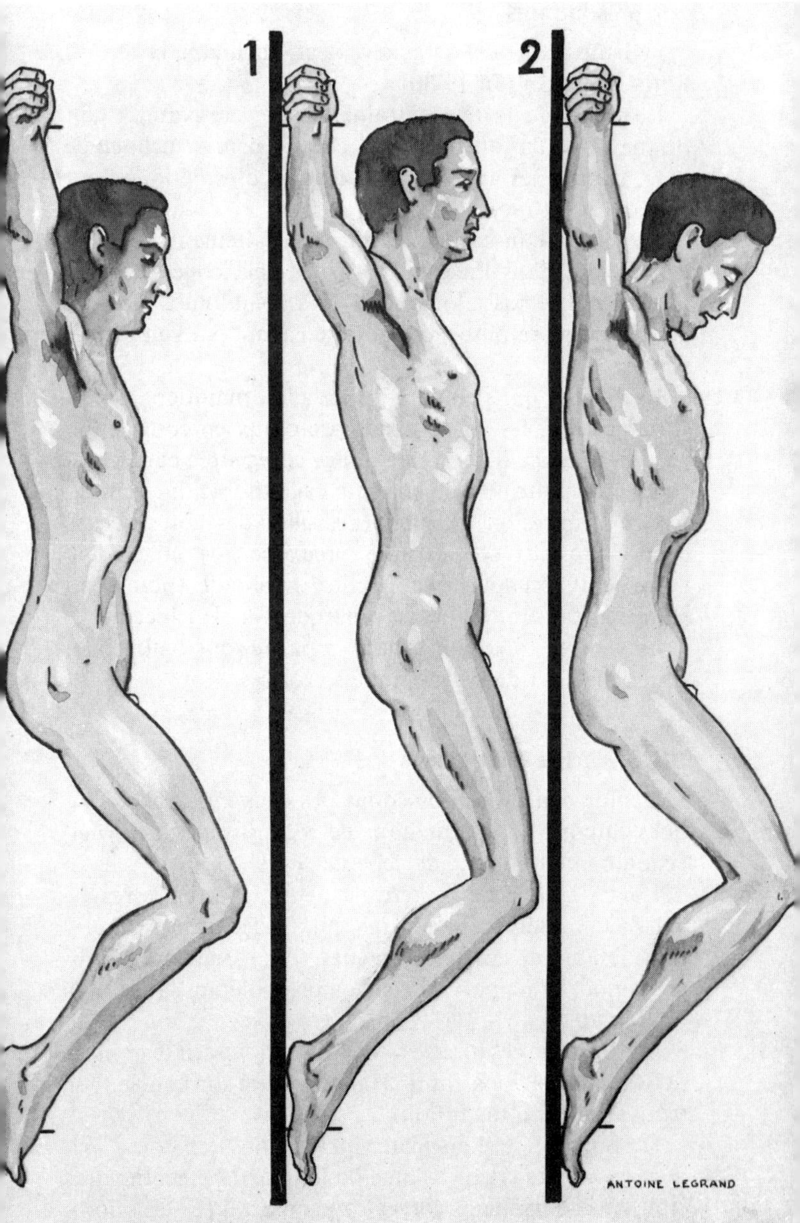
1
2
ANTOINE LEGRAND

Après la mort

« Il dit : « Tout est achevé » et, inclinant la tête, il remit l'esprit » (Jn 19 30).

Le poids de la tête entraîne celle-ci en avant. Etant donné l'angulation des bras, elle ne peut s'incliner de côté, comme les artistes, par un souci d'esthétique l'ont généralement représenté.

Le Linceul montre un visage parfaitement de face, exactement dans l'axe du corps, et cela concorde bien avec ce qui se passe lorsque la vie a abandonné le corps. Alors, la tête retombe, entraînée en avant par son propre poids.

La rigidité qui s'empare du cadavre, maintient la poitrine gonflée, les deux grands pectoraux en contraction forcée. C'est ce que révèle l'image enregistrée par le Linceul ; une poitrine distendue, la cage thoracique remontée en inspiration maxima. Le relief des côtes accuse encore le creux épigastrique (creux de l'estomac) déjà fortement accentué. L'appendice xyphoïde (pointe du sternum) fait une saillie très marquée sur le Linceul.

Le ventre est ballonné, dans la partie sous-ombilicale, située juste au-dessus des mains croisées.

Un crucifié du 1er siècle

Depuis peu, nous possédons des éléments archéologiques importants, permettant de reconstituer une crucifixion contemporaine de celle de Jésus.

Lors de travaux de terrassements effectués près de Jérusalem à Giv'at ha Mivtar, furent découverts un certain nombre de coffrets contenant des ossements d'individus pour la plupart morts de mort violente, sans doute en l'an 70.

Sur l'une de ces urnes en calcaire était inscrit le nom du défunt : Jehohanan fils de Hagqôl ; avec son squelette se trouvait celui d'un enfant.

L'homme âgé d'environ vingt-six ans, de toute évidence avait été crucifié. Un clou long de 17,5 centimètres était encore fixé dans son calcaneum droit (os du talon), il avait ensuite pénétré dans le même os du pied gauche.

RUCIFIÉ DE GIV'AT
HA MIVTAR
STITUTION D'
INE LEGRAND 1975

Quelques fragments y adhéraient encore. Sous la tête du clou l'analyse révéla la présence d'une mince plaque d'acacia. Elle était sans doute destinée à maintenir le clou devant le pied, évitant ainsi au bourreau le risque de frapper sur ses doigts. Enfin à l'extrémité tordue du clou, des fragments de bois d'olivier indiquent la nature du support : un arbre. Les tibias avaient été intentionnellement brisés ainsi que le péroné gauche. La fracture des jambes fut réalisée en deux temps. Un premier coup brisa le tibia droit, le plus violent. Les os éclatèrent. Les clous fixant les membres supérieurs au gibet n'avaient pas perforé les *mains,* mais les *avant-bras.*

Des éraflures visibles sur le radius, près du poignet apportent la preuve de frottements répétés du clou, ils indiquent de nombreux mouvements saccadés du condamné.

Ainsi fut crucifié l'homme du Linceul avec deux différences : pour lui, le clou fut enfoncé dans les mains et ses jambes ne furent pas brisées comme celles de Jehohanan.

La plaie du cœur

« L'un des soldats lui piqua le côté de sa lance et aussitôt il sortit du sang et de l'eau » (Jn 19, 34).

Ici se pose un problème de critique textuelle : faisons un peu d'exégèse à propos de ce texte johannique.

Un certain nombre de témoins disent « de *l'eau* et du sang ». Ce sont le manuscrit grec 579, la version copte Bohaïrique, Origène (tous trois représentant le texte alexandrin), Eusèbe de Césarée, (représentant du texte césaréen) enfin le manuscrit latin « Palatinus », Tertullien, Ambroise, Avit de Vienne, (représentant un texte d'origine africaine), sans doute le premier texte connu de ce continent. Cet ensemble de témoins permet d'envisager la variante qu'ils donnent avec sérieux.

L'apôtre Jean écrit dans sa première épître (5, 6) : « Le Christ est venu par *l'eau* et par le sang, non seulement dans l'eau mais dans l'eau et le sang ».

Aucune ambiguïté ici, dans l'ordre des mots.

Il nous reste à voir à la lumière des images enregistrées par le Linceul la localisation de la blessure, comment du côté percé de Jésus s'écoulèrent l'eau et le sang, et quelle était leur origine.

Sa situation

Au côté droit du thorax se trouve une pièce d'étoffe cousue en 1534 sur le Linceul, par les Clarisses de Chambéry et partiellement recousue avec du fil noir par le Bx Sébastien Valfré le 6 juin 1694. Tout contre cette réparation, une large tache de sang tranche par sa teinte fraîche avec la couleur rousse des brûlures voisines.

La blessure est ovale, un peu oblique vers le bas et l'axe du corps mesure 45 millimètres sur 15. Ses dimensions coïncident avec celles des lances romaines (notamment la « Sainte-Lance » conservée à Saint-Pierre de Rome à l'autel de Saint-Longin, 45 millimètres de large).

La plaie est située au côté droit, sur un plan fuyant vers la face externe du corps : le bord, le plus rapproché de la partie médiane du corps en est à 12 centimètres ; le bord externe est situé à 16 centimètres de cet axe.

La pointe du sternum fait une saillie nettement visible sur le Linceul. C'est à 3 centimètres en-dessus du niveau de sa base que se situe le bord inférieur de la plaie ; le bord supérieur étant à un demi-centimètre au-dessous. Le centre de la plaie se situe 25 centimètres au-dessus du niveau de l'ombilic, lui aussi clairement visible sur l'empreinte.

Localisation anatomique

Pour localiser la plaie du côté, il ne suffit pas de poser sur une photo du Linceul en grandeur nature un calque de radio en le déportant de côté (comme cela a été fait pour faire coïncider la plaie avec les côtes). Il faut opérer sur le modèle vivant : faire des radiographies et contrôler sur le cadavre.

Avant toute chose, il est nécessaire de calquer sur un transparent les contours précis de l'image du Linceul ; non seulement la plaie du côté, mais aussi le visage et les mains afin de déterminer exactement l'axe du corps et l'emplacement précis de la plaie.

Ensuite, il faut reporter sur le corps d'un homme couché, de mensurations analogues, la plaie et la coulée sanglante qui en découle.

Nous constaterons alors combien la plaie du côté est latérale ; son bord interne est à 12 centimètres de l'axe du corps, et son bord externe à 16 centimètres de cet axe.

La blessure est située juste au-dessus de la sixième côte, donc dans le cinquième intervalle intercostal.

La plaie du cœur

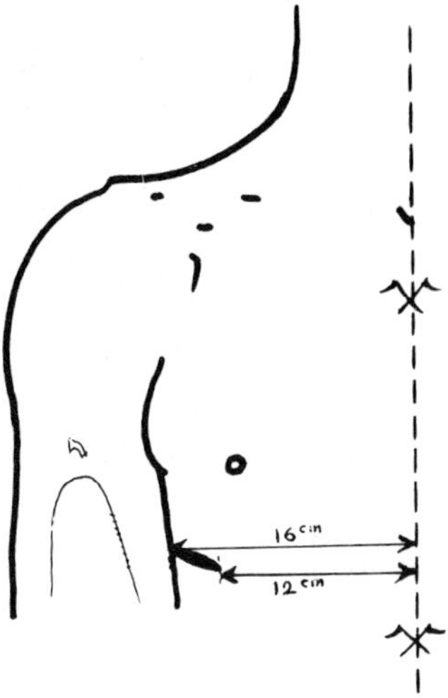

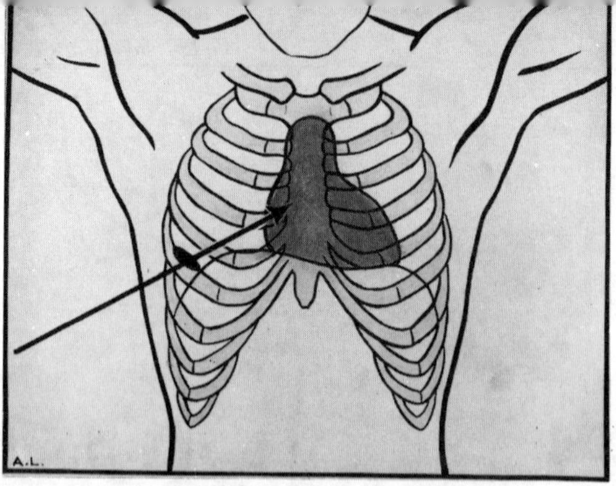

Si l'homme place les bras dans l'attitude du crucifié, l'emplacement de la plaie remonte ; la traînée de sang qui s'en écoule s'étire, et nous sommes stupéfaits de constater des « manques » dans les méandres apparamment si bizarres que forme cette traînée de sang. Ces « manques » coïncident tous avec des saillies anatomiques.

Sur notre modèle, la coulée de sang se trouve étirée et peut mesurer maintenant 18 centimètres. Les méandres s'étalent sur une largeur d'environ 6 centimètres.

Le sang coulant plus rapidement sur les reliefs des côtes et les saillies des digitations du muscle grand dentelé, y occasionne des « manques ».

Contournant les reliefs, le sang s'étale à nouveau, comblant les dépressions qu'il souligne ainsi.

Le réalisme anatomique du Linceul est criant de vérité lorsque l'on regarde une poitrine ainsi maquillée.

Une conclusion s'impose. De toute la largeur de la blessure située au côté droit, entre la cinquième et la sixième côte, s'est échappée sur la poitrine une large traînée sanglante qui en a épousé les sinuosités.

Plaie post-mortem

La largeur de la plaie, un centimètre et demi, a une importance considérable du fait qu'elle révèle une blessure béante.

Ce n'est donc pas sur un *vivant,* mais sur un *cadavre* que la blessure costale a été pratiquée.

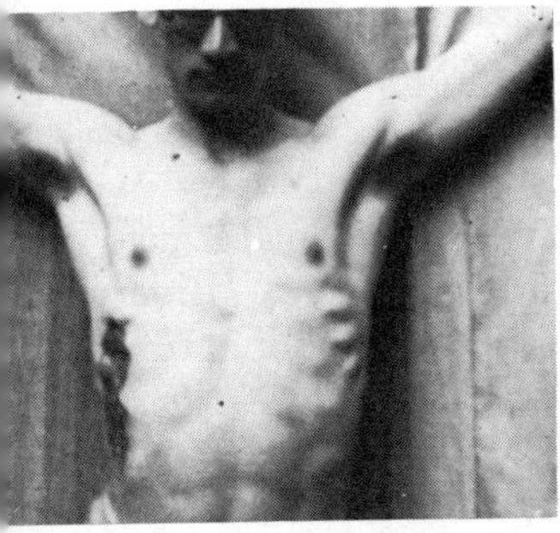

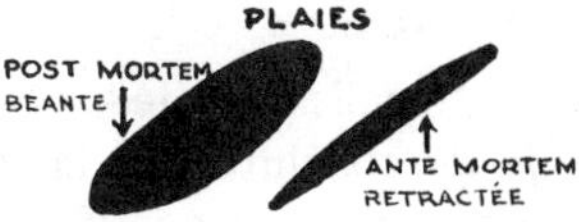

Ouvrons le « Précis de Médecine légale » [33] du Professeur Balthazard qui fait autorité, nous y lisons : « il est facile d'ordinaire d'indiquer si la plaie a été faite pendant la vie ou après la mort. Survenant au moment où les téguments avaient encore toute leur élasticité, leurs bords sont rétractés, sur le vivant, les tissus grâce à leur élasticité ont en effet une tendance à obturer spontanément la plaie. Au contraire les blessures cadavériques ont les bords peu rétractés ». Tous les médecins légistes consultés sont formels : une blessure béante signifie la mort, aucune erreur d'interprétation n'est possible.

La blessure présente une ouverture de un centimètre et demi, c'est donc sur un cadavre que la perforation a été pratiquée : « (Après sa mort), un soldat lui piqua le côté de sa lance » (Jn 19, 34).

Après ce qui précède, y a-t-il lieu de perdre son temps à réfuter les élucubrations d'un garçon de café allemand nommé Naber, qui sous le nom de Professeur Kurt Berna s'est fait une certaine réputation en affirmant que le Christ, lui ayant révélé qu'il n'était pas mort sur la croix, mais qu'enseveli dans le Linceul conservé à Turin, la fraîcheur du sépulcre l'avait fait revenir à la vie. Naber-Berna illustre ces « révélations capitales » de schémas aux proportions anatomiques fantaisistes. La lance serait passée devant le cœur pour ressortir au-dessus du mamelon gauche, ce qui après expérimentation sur un squelette

33. Dr BALTHAZARD, *Précis de Médecine légale*, cinquième édition, Baillère, 1935, pages 241 à 243.

s'avère absolument impossible étant donné la localisation de la blessure et l'obliquité des côtes.

Le cœur

La localisation de la perforation de la poitrine permet-elle de conclure que la lance a atteint le cœur ? Pour répondre à cette question il nous faut tout d'abord préciser la situation du cœur dans la poitrine.

On croit souvent que le cœur est à gauche. C'est inexact : il est au centre ; seule la *pointe* est nettement à gauche, mais l'oreillette droite déborde le sternum à droite.

Cette partie du cœur est la seule qui soit toujours remplie de sang liquide sur le cadavre. A gauche l'oreillette est vide, ainsi que les ventricules. Si le coup de lance avait été donné de ce côté, Jean n'aurait pu rendre compte de l'écoulement qu'il a vu.

La tradition artistique qui veut que ce soit le flanc droit de Jésus qui ait été perforé est confirmée par l'anatomie.

Nous comprenons que la lance, maniée par le soldat selon l'usage de l'escrime romaine, a pénétré à droite, puisque dans les combats, c'était le côté gauche de l'adversaire qui était protégé par son bouclier.

La rétractation du poumon du cadavre n'a pas empêché le sang de couler le long du fer de la lance qui tant qu'il était dans la plaie a servi de guide à l'issue du liquide.

Le Dr Barbet a répété l'expérience sur des cadavres, en plongeant aiguille de seringue et couteau d'amputation dans le cinquième espace intercostal : il a constaté que la lance pour faire jaillir du sang avait dû pénétrer oblique, presqu'à l'horizontale, et qu'après un parcours d'une dizaine de centimètres, elle avait ouvert l'oreillette droite libérant ainsi le sang liquide qu'elle contenait. Si la lance avait pénétré plus bas, elle n'aurait pas libéré de sang, les ventricules étant vides après la mort.

Eau et sang

Si le coup de lance avait été donné avant la mort, les lèvres de la plaie se seraient contractées et l'hémorragie aurait été interne : il n'y aurait pas eu de sang sur la poitrine.

Selon une erreur répandue, le sang se coagulerait après la mort à l'intérieur du corps. En réalité il reste liquide jusqu'au moment de la décomposition et ne se coagule qu'au contact de l'air.

L'eau étonne Saint-Jean, mais témoin sincère il relate le fait, tel qu'il l'a « vu » mais sans l'expliquer.

Il ignorait que le cœur est enveloppé d'une membrane, le péricarde, et celle-ci contient un liquide dont le nom seul, aquapéricarde, définit l'apparence.

Cet aquapéricarde est exsudé dans le péricarde en plus grande quantité lorsque l'agonie est plus douloureuse.

Si le coup de lance avait été violent, il est vraisemblable que l'eau du péricarde et le sang mélangés n'auraient pu être discernés facilement. Mais, sans doute, le soldat n'a pas frappé avec violence. Compatissant à la peine de ceux qui, éplorés, se tenaient au côté du gibet, il a enfoncé lentement sa lance, afin que la mort étant ainsi constatée l'on puisse leur rendre le corps du supplicié. L'eau du péricarde a précédé l'écoulement du sang du cœur.

En regardant de très près le Linceul l'on observe que la coulée qui s'étale sur la poitrine n'est pas d'une intensité uniforme. Elle est comme marbrée, elle laisse discerner ; quoique difficilement, (les photographies actuelles ne le laissent pas percevoir) les minces filets plus clairs s'écoulant verticalement. Il y a là sans doute des traces de l'écoulement de l'eau du péricarde.

Sur plus de cent autopsies, la quantité minimale de liquide dans le péricarde des cadavres est en moyenne de deux cuillèrées à soupe soit environ 30 centimètres cubes.

Le Docteur Vincent Donnet, étant donné la position de la clavicule sur le dessin de la fig. 15 du livre de Barbet, pouvait penser qu'il n'avait pas été tenu compte que la peau suivant que le corps est en croix ou étendu sur la couche sépulcrale se déplace et donc que la plaie aurait du être localisée plus haut.

A son avis, une telle localisation trop haute serait incompatible avec le texte évangélique affirmant la sortie d'eau et de sang par la plaie du côté [33 bis]. Le Dr Donnet conclut aussi qu'il faut obligatoirement que la plaie soit dans le cinquième espace. Ses travaux très consciencieux, loin de constituer une objection contre l'authenticité du Linceul de Turin, apportent au contraire une confirmation aux conclusions de Barbet. Le liquide pleural se serait accumulé au-dessous du niveau de la plaie si le coup avait été donné plus haut.

Lorsqu'un médecin procède à une ponction péricardique, il aspire le liquide excédentaire en enfonçant son aiguille dans le cinquième espace gauche.

Lorsque le corps, descendu de la croix, fut couché à l'horizontale, le liquide qu'il contenait en-dessous du niveau de la plaie s'est répandu, notamment une partie du sang contenue encore dans la veine cave inférieure.

Il s'est écoulé et a séché sur la peau.

Sur l'image dorsale du Linceul une ceinture sanglante barre la partie inférieure du thorax. Elle répond à cet écoulement post-mortem.

33 bis. Mon ami Barbet, conscient du déplacement de la plaie vers le haut, était pleinement d'accord avec mon schéma bras levés (page 172) et avec les radiographies corps en suspension que j'avais fait réaliser pour le n° 19 de décembre 1952 de « Médecine et Laboratoire » tenant compte de l'élévation de la plaie vue bras baissés sur le Linceul.

Ensevelissement

« Apportant un mélange de myrrhe et d'aloès d'environ cent livres... ils commencèrent l'ensevelissement selon l'usage des juifs » (Jn 19, 39 - 40).

(Joseph) « l'enroula dans un linceul d'une blancheur immaculée... et le mit dans son tombeau neuf » (Mt 27. 59 - 60).

(Joseph) « l'enveloppa dans un linceul et le déposa dans un tombeau » (Mc 15, 46).

(Joseph) « l'enroula dans un linceul et le plaça dans un tombeau où personne encore n'avait été mis » (Lc 23, 53).

Nous verrons successivement la manière dont les juifs utilisaient les parfums, leur nature ; et comment Jésus fut placé dans son linceul.

Enfin, nous constaterons que le Linceul vient confirmer les données que nous avons pu recueillir sur les usages judaïques.

Coutumes juives

Les anciens usages juifs, sont attestés par l'Ecriture et les Talmuds.

Pour Jacob et Joseph, l'ensevelissement avec des bandelettes enserrant tout le corps fut pratiqué suivant les coutumes égyptiennes.

La Bible atteste les usages juifs, par les sépultures d'Asa [34] Joram [35] et Sédécias [36]. Pour chacun on brûla des parfums comme pour leurs pères. Le Talmud

34. Asa (911 à 871 avant J.C.), deuxième chronique, 16, 14 : « On brûla une quantité considérable d'arômates ».

35. Joram (854-847 avant J.C.), deuxième chronique 21, 19 : « On ne brûla pas de parfums en son honneur comme son peuple en avait brûlé pour ses pères ».

36. Sédecias (598-587 avant J.C.) Jr 34, 5 : « Comme on a brûlé des parfums pour tes pères, ainsi on en brûlera pour toi ».

précise [37] qu'ils avaient pour fonction de chasser les mauvaises odeurs et qu'une lampe était allumée pour honorer le défunt.

A l'enterrement d'Hérode, raconte l'historien Flavius Josèphe [38], cinq cents serviteurs portaient des parfums. On s'étonne de l'abondance. Même à 500 grammes par serviteur, le corps aurait été écrasé ou noyé dans cet océan de 250 kilos. Tout s'éclaire si l'on comprend que les parfums étaient destinés à brûler comme nous brûlons de l'encens. Aux funérailles de Gamalief l'ancien, 80 livres d'aromates furent brûlées [38 bis].

Ce qui a été fait

Pour Jésus le temps manquait. Les rites de l'ensevelissement ne furent qu'ébauchés comme l'indique le verbe grec entaphieuein (ci-dessus p. 17) : « préparer l'ensevelissement » (et non pas ensevelir, l'action terminée se dirait « entaphenein »). De même l'onction de Béthanie n'avait pas pour effet « d'ensevelir » Jésus, mais seulement de commencer, ébaucher l'ensevelissement.

Au soir du Vendredi le minimum indispensable fut seul réalisé, en hâte à l'approche du sabbat.

Le corps ne fut pas lavé, l'eau tiède nécessaire à cet effet devait faire défaut. La présence du sang qui a marqué le Linceul en apporte la preuve.

On n'use pas d'onguents, ceux-ci n'étant employés qu'après le lavage du corps. Aussi les femmes les apportent-elles après le sabbat selon Marc (24, 1). Il s'agissait sans doute de réaliser les onctions omises.

On ferma les yeux de Jésus [39]. Ce que certains ont supposé être l'empreinte de pièces de monnaies, ne serait-ce pas la trace des doigts qui ont baissé les paupières ? Rien n'indique en effet que les Juifs pratiquaient cet usage païen de mettre une pièce sur les yeux.

Par contre il est attesté que les juifs après avoir fermé les yeux, nouaient une mentonnière. Le Talmud autorise

37. Ghémara, Tome II page 260 du Talmud de Babylone, édition Weizel, Lepzic (sic), 1831.

38. Ant. Jud. XVII-VIII, 5. Bell. Jud. I. XXXIII, 9.

38 bis. Aboda Zara XI, 1.

39. Tb 14, 15 : « Il leur ferma les yeux ».

même à la resserrer le jour du sabbat, si elle s'est détendue, afin de refermer la bouche du défunt [40].

Jésus est mort vers trois heures. Les démarches auprès de Pilate, l'achat des linges et parfums, le déclouement de la croix ont pris un certain temps. Il faut se hâter pour rentrer chez soi avant le sabbat. Dès que paraîtra la première étoile annoncée par les trompettes du Temple (une inscription récemment découverte indique leur emplacement) il sera interdit de circuler [41].

Or le 7 avril c'est entre 18 heures 15 et 18 heures 30 que cette étoile brille.

L'ensevelissement n'est qu'ébauché (entaphiazein écrira Jean 19, 41). En hâte, l'essentiel est fait, une mentonnière, un linceul et quelques bandes pour le lier. Rien de plus.

Mise dans le Linceul

Pour que le corps devenu rigide puisse passer par l'étroite porte du tombeau il a fallu ramener les bras devant le corps [42]. Mais lorsque la rigidité cadavérique a été vaincue en forçant la jointure, le membre garde l'élasticité retrouvée par ce déplacement. Ce fut le cas pour les bras ramenés, les mains croisées au-dessus du pubis.

Le corps déposé sur une moitié du linceul y laissera son empreinte dorsale, tandis que l'autre moitié repliée pour couvrir le corps y recevra l'image antérieure de celui-ci.

Entre ces deux parties, le dessus de la tête n'a laissé aucune marque, car la mentonnière (le soudarion) qui passait là a empêché le dessus du crâne de marquer le Linceul.

40. La Mishnah (Traité Shabbat 23, 5) traduction des textes rabbiniques de J. Bonsirven, Rome 1955, p. 171, atteste la coutume de lier la mâchoire des défunts.

41. Flavius Josèphe, Guerre des Juifs IV, V, 2 écrit : « Même ceux qui avaient été élevés en croix, à la suite d'une condamnation devaient être enlevés et ensevelis avant le coucher du soleil ».

42. Les premiers phénomènes cadavériques sont dans l'ordre : 1° la déperdition de chaleur entraînant le refroidissement du corps ; 2° la déshydratation se traduisant par l'aspect parcheminé de la peau ; 3° la filtration du sang entraînant la lividité cadavérique ; 4° la rigidité cadavérique disparaissant lorsque commence la putréfaction.

Les parfums

Les parfums ne furent certainement pas employés sous forme de poudre. Il aurait fallu les répartir sur les deux faces du Linceul avec une extrême régularité indispensable pour que soient plausibles plusieurs hypothèses émises. Cette régularité étant impossible à réaliser, dans la hâte.

Par contre, si comme il est mentionné plusieurs fois dans la Bible, les parfums, notamment le bois d'aloès agalloche et la résine de myrrhe sont brûlés, le poids de 100 livres indiqué par Saint-Jean est normal (environ 33 kilos).

Si les parfums avaient été employés à l'état liquide, vu la quantité indiquée, le corps en aurait été submergé et l'empreinte du Linceul, impossible.

Dans la hâte attestée pour Jésus, on n'a pas eu le temps d'oindre le sépulcre, comme certains archéologues l'ont supposé.

La myrrhe employée pour Jésus est une gomme résineuse dont la fumée était souvent mêlée à celle de l'encens [43]. On s'accorde généralement là-dessus. Mais sur l'aloès, les opinions varient. Pour les uns, ce serait de l'aloès médicinal à la saveur amère : l'aloès socotrin. Mais l'aloès biblique c'est « l'agalloche », un bois aromatique. Sa combustion dégage un parfum agréable. Aussi était-il souvent employé en guise d'encens [42 bis].

Conjugué avec le carbonate d'ammoniaque, il ne provoque aucune réaction. Et pour que l'aloès socotrin provoque le brunissement d'un linceul il faudrait que le corps humain possède une quantité plus considérable de carbonate d'ammoniaque. Ce n'est pas le cas. Et c'est pour cette raison que le Prof. Vignon avait abandonné cette hypothèse après les tests de Volckringer. Ce qui reste intact, c'est son intuition fondamentale, confirmée depuis : les empreintes du Linceul obéissent à la loi des distances.

42 bis. Ce qui explique que les analyses très poussées réalisées par les spécialistes américains n'ont décelé aucune trace de parfums.

43. Cantique des cantiques 3, 60 : « Comme une colonne de *fumée* exhalant la myrrhe et l'encens ».

Les linges

Les linges sépulcraux comprenaient comme nous l'avons vu (p 17) :

1° Le SINDON dont parlent les synoptiques : c'est le Linceul conservé actuellement à Turin, et sur lequel tout le corps, face et dos à l'exclusion du sommet de la tête a laissé son empreinte.

2° Le SOUDARION, c'est-à-dire la mentonnière. Interposée, elle a empêché la production d'empreinte entre l'arrière de la tête et la face de Jésus. L'interruption de l'empreinte est patente sur le sommet de la tête autour de laquelle il était enroulé.

Pour Lazare il est spécifié que le soudarion n'était pas placé comme un voile sur le visage, mais était enroulé « *autour* » de la tête qu'il couvrait donc. Lorsque nous disons à quelqu'un : mettez un chapeau sur votre tête, nous ne lui demandons pas de dissimuler son visage derrière un couvre-chef.

Ne torturons donc pas le texte évangélique mais gardons-lui son sens : le soudarion placé autour de la tête de Jésus est resté enroulé nous dit Jean qui inspecta le tombeau le matin de Pâques la mentonnière avait conservé sa forme circulaire après le départ du Ressuscité, puisque personne ne l'avait déplacé.

Les bandelettes

La présence de bandelettes n'est mentionnée ni par Matthieu, ni par Marc, ni par Luc. Elle ne l'est pas davantage par Jean qui cependant connaissait le mot « Keiriai » : bandelettes, puisqu'il l'emploie pour Lazare dont, nous dit-il, les *mains* et les *pieds* (seulement) étaient liés. Le corps ne devait pas être nu, mais couvert d'un vêtement ou d'un drap (Jn 11, 44).

Jean (20, 3 - 7) ne parle pas de bandelettes (keiriae) pour Jésus. Traduisant correctement le texte grec, il est facile de constater qu'il n'est pas parlé de « bandelettes à terre » (contrairement à des traductions incorrectes). Mollat a rectifié l'erreur dans la dernière édition de la

Bible de Jérusalem. Il faut dire « linges » et non « bandelettes ». Cette traduction est également soutenue par les exégètes André Feuillet, A.M Dubarle et Ceslas Lavergne, en France, par Linders Morris et Robinson en Grande Bretagne, Brown aux Etats-Unis, Schnackenburg en Allemagne pour ne citer que les plus notables.

Ces LINGES trouvés par Jean au matin de Pâques peuvent-ils être définis ? A première vue, le terme employé par lui paraît vague et imprécis et c'est en voulant l'expliciter que certains traducteurs l'ont interprété par « bandelettes ».

D'autres traductions ont traduit par Linceul. A juste titre le terme générique employé au pluriel veut signifier *le Linceul* mentionné formellement par les synoptiques et *d'autres linges*.

Quels linges ? Le Linceul nous le révèle ; il atteste que des liens tenaient le Linceul aux coudes et aux pieds. Jean englobe donc sous un même mot « les linges » : le Linceul et les bandelettes.

A la suite du P. Braun O.P. certains ont pensé que le verbe *deo* employé par Jean signifiait que Jésus était lié dans son sindon ; ce ne pouvait être celui de Turin, décidaient-ils. Cette objection contre l'authenticité du Linceul a été très utile à sa cause. Elle a obligé à mieux regarder, et qu'avons-nous remarqué ? A la hauteur du coude, une petite coulée de sang a formé une tache de la grandeur d'une pièce d'un demi-franc. Au sépulcre cette tache a trouvé l'étoffe plissée et s'est reproduite en plus petit un peu plus loin. Ces taches qui se sont décalquées l'une sur l'autre se localisent respectivement à 10 et 15 centimètres du coude.

Pour qu'elles se superposent ainsi il fallait que le Linceul se soit trouvé maintenu latéralement en double épaisseur par une ligature enserrant les bras.

Par côté de la plante du pied droit, et dans la région du talon gauche, le sang qui s'est reporté symétriquement à l'axe des plis permet de penser que, comme aux bras, une ligature a maintenu l'étoffe relevée de chaque côté des pieds.

Jésus était donc bien lié, enserré dans son Linceul.

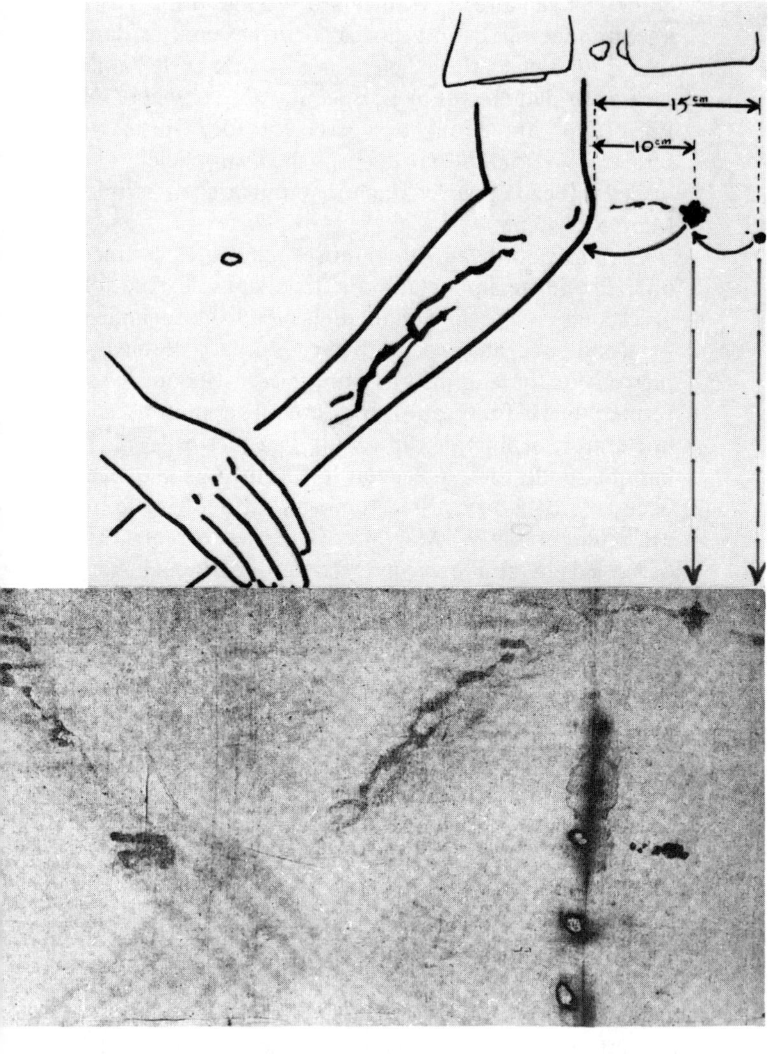
15cm
10cm

Le tombeau

Dans un jardin émergeait seule, la butte rocheuse du crâne : le calvaire. C'était le seul vestige d'une carrière abandonnée. Des tombeaux avaient été creusés dans le roc. L'un d'eux situé exactement à 40 mètres de l'endroit où étaient plantées les trois croix n'avait pas encore servi. En y déposant Jésus, des ossements de « justes » ne seraient pas souillés par le corps d'un supplicié.

Ce tombeau appartenait à un homme riche, disciple du Maître : Joseph [44].

Comme pour beaucoup d'autres sépultures destinées à un personnage important, un trou dans le roc donne accès à une petite salle où les amis viendront se lamenter. Au fond, une autre porte basse. Une grosse meule de pierre peut rouler dans une rainure creusée dans le sol et fermer ainsi le tombeau. Il faut se courber pour accéder à la chambre sépulcrale, un réduit de 2 mètres sur 2. Une banquette, destinée à recevoir le défunt sous une arcade, occupe le côté droit. Si le tombeau est neuf, cette place est seule préparée. Mais très vite, les ossements des défunts de la famille seront mis dans une urne. Une petite cavité sera pratiquée pour la recevoir.

Dans le tombeau de Joseph d'Arimathie, il n'y avait pas encore de cavités ni d'urnes. Seule la banquette sépulcrale à soixante centimètres du sol était préparée. L'appui de 10 centimètres figuré ci-contre n'était pas nécessaire pour supprimer l'espace disgracieux entre le menton et la poitrine d'un corps posé à plat.

Dans le cas de Jésus, l'acide lactique a provoqué la tétanie et la rigidité cadavérique maintenant la tête penchée en avant dans l'axe du corps.

Enveloppement

Regardons l'enseveli du Vendredi Saint, la tête enserrée dans une mentonnière, le Linceul a été ramené au devant du corps. Des bandes, attachées aux pieds et à la hauteur de la ceinture maintiennent les coudes contre le

44. Jn 19, 38 ; Lc 23, 53 ; Mc 15, 46 ; Mt 27, 60.

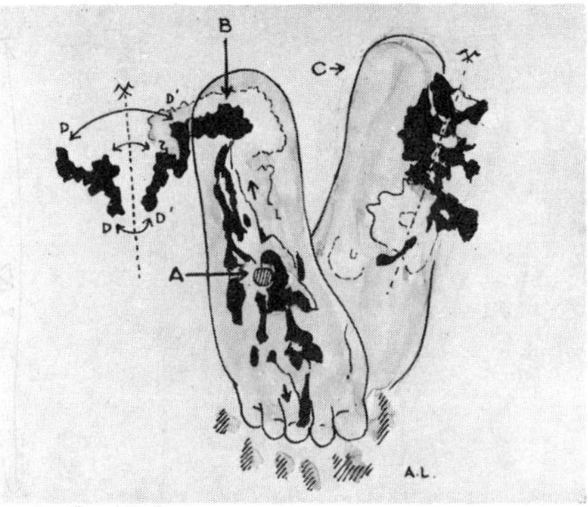
B
C
D
D'
A
A.L.

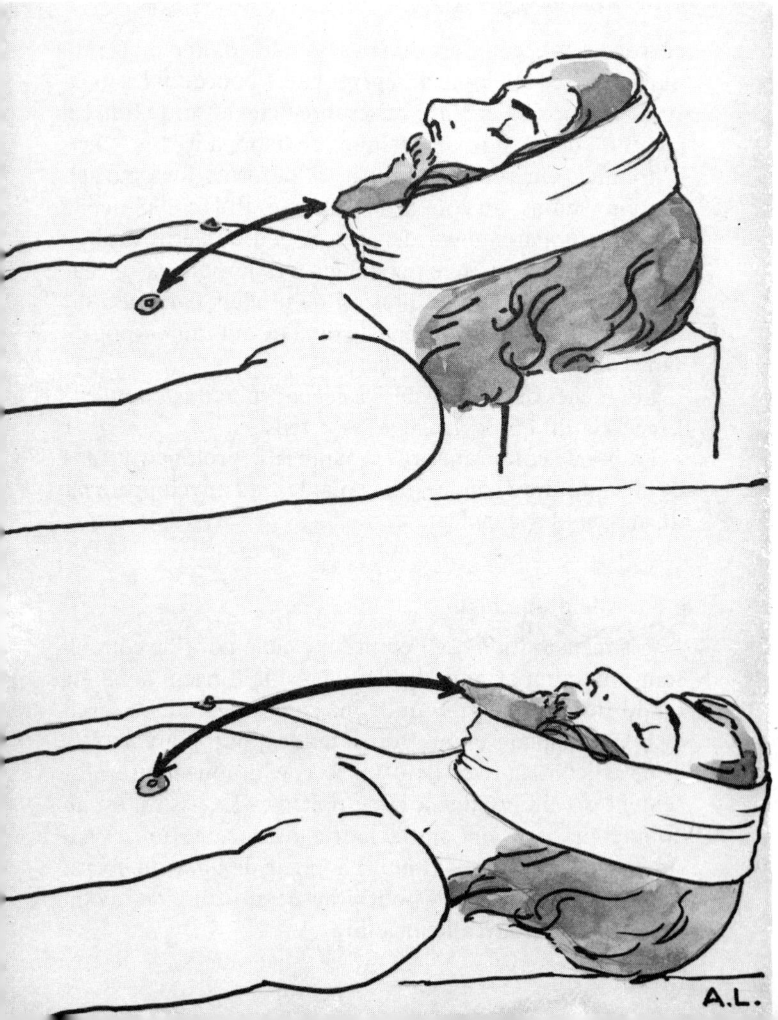
A.L.

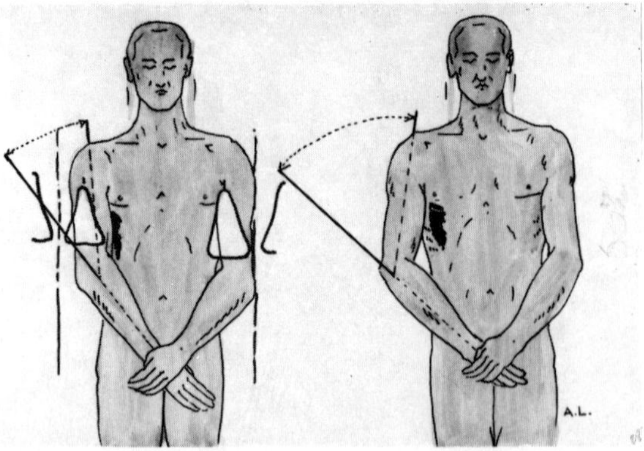

corps. Le Linceul n'est donc pas tendu comme un écran, mais épouse le volume du corps. C'est pourquoi les mensurations ne doivent être prises directement sur le Linceul étendu, mais sur un calque enveloppant un corps d'homme. On comprend ainsi les déformations partielles : aux mains, au côté droit du torse. Puis s'explique la longueur apparemment démesurée de l'humérus droit.

Enfin, c'est un enveloppement très important du bas des jambes qui donne l'illusion de mollets trop bas, sur l'image antérieure. Plus bas, le tissu devait faire « pont » sans toucher le dessus des pieds.

Les taches de sang visibles à cet endroit attestent que le Linceul a dû être calé entre les orteils.

La bande entourant bras et jambes se prolongeait sans doute autour du cou, ce qui expliquerait l'enveloppement du dessus des épaules.

Le rôle d'une main

Les mensurations de l'empreinte de la poitrine conduisent à une importante déduction : si le Linceul avait été tendu devant le corps, nulle marque sanglante ne serait visible. La plaie étant trop latérale pour pouvoir être alors en contact avec l'étoffe. Reconstituons l'ensevelissement sur un homme à large poitrine. Le tissu n'est au contact du corps que sur la courte distance de douze centimètres (treize au maximum) à partir de l'axe du corps. Au-delà, le tissu fait « pont » au-dessus du vide, avant de reposer à nouveau sur le bras.

Pour qu'une étoffe enveloppe la poitrine il faut qu'elle soit appliquée manuellement contre le côté de la poitrine.

Si nous plaçons sur l'homme servant de modèle, un calque transparent de l'image thoracique du Linceul, nous observons que pour pouvoir reporter l'image de la plaie, nous devons appliquer latéralement notre calque. Conclusion : si à cet effet, l'on pousse le calque en direction du bras, l'image axiale est déportée, elle risque d'être perturbée. Cela n'est pas le cas sur le Linceul : il ne révèle aucune déformation de la région sternale. Seul le côté droit de la poitrine a laissé une empreinte nettement plus large que celle du côté gauche. L'enveloppement a donc été exécuté avec une délicatesse très féminine, par une main que nous voudrions pouvoir nommer. Elle a dû, à la hauteur du bras droit « amasser » assez d'étoffe pour pouvoir, doucement, en la caressant en quelque sorte, appliquer contre la plaie du cœur cette étoffe excédentaire. Sur l'empreinte du Linceul, le bras droit semble plus long que l'autre (dont les mensurations sont normales). La manipulation réalisée pour appliquer le tissu contre la plaie du côté a produit de menus plis sur le haut de l'avant-bras, près du coude. Ces plis que certains ont pris pour des traces de flagellation sont nettement visibles sur le Linceul et leur coloration n'est pas celle du sang.

Sans les expliquer, Vignon avait bien décrit ces plis « en patte de canard », telle était son expression [45].

Lorsqu'on étale à plat l'étoffe ayant enveloppé la plaie (ce qui est le cas du Linceul exposé) on observe que l'emplacement du coude se trouve déporté vers le bas et sur la droite.

L'axe de l'avant-bras droit est déplacé (le coude étant dans la réalité plus près de l'axe du corps) ceci explique l'apparence d'une longueur excessive de l'humérus.

Orientation au sépulcre

Lorsque l'on veut reconstituer le geste qui a dû être fait pour appliquer le linceul contre la plaie du côté il faut

45. Paul VIGNON, *Le Saint-Suaire de Turin*, Masson, 1939 p. 88.

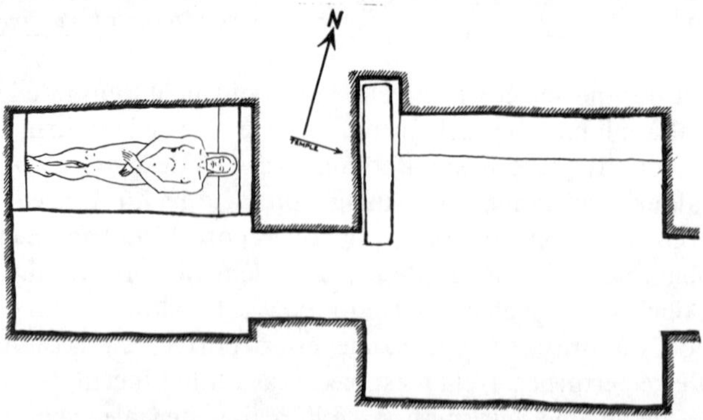

obligatoirement que l'opérateur (droitier ou gaucher) se place au côté gauche du mort couché.

Etant donné l'emplacement de la couche mortuaire (à droite selon le texte évangélique), le corps était donc obligatoirement orienté vers le fond, la tête près de la porte. De ce fait, il tournait le dos au Temple.

Cette orientation du corps dans le sépulcre, que l'étude du Linceul impose, est contraire aux traditions judaïques respectées pendant des siècles avant le Christ et rappelées depuis par les Talmuds.

Il y a là, apparemment, une objection très grave. Le P. de Vaux, archéologue compétent s'il en fut, indique que pendant environ un siècle, juste à l'époque du Christ, ces usages étaient tombés en désuétude.

Ainsi les tombeaux de cette période sont-ils orientés dans tous les sens.

Durée du séjour au tombeau

Le 14 de Nizan de l'an 30 correspondant à notre 7 avril, l'étoile qui déterminait le début du Sabbat luisait vers 18 heures 20 à Jérusalem où il fait jour à 6 heures du matin.

D'après les Evangiles, le corps a donc dû séjourner environ 36 heures au sépulcre (de 18 heures le vendredi à 6 heures le dimanche). Ce laps de temps est-il compatible avec l'élaboration de l'empreinte ?

En quelques heures, les émanations du corps sont

insuffisantes pour produire les empreintes. Quelques jours, (sans parler de la décomposition) auraient tout perturbé ; il n'y aurait eu que des taches uniformes, les graduations correspondant aux divers reliefs du corps n'auraient pas subsisté.

Le « temps de pose » a été parfait, ni trop long, ni trop court, et cela nous émerveille à juste titre.

Ne revenons pas sur la formation de l'empreinte dont le décodage démontre qu'elle est la seule image au monde qui obéisse parfaitement à la loi des distances. Mais le report du sang pose un problème différent.

Report du sang

Le sang était déjà sec lorsque le corps a été mis dans le linceul. Sans cela il se serait étalé dans le tissu, bu comme par un buvard. La goutte de sang située sur l'arcade sourciliaire gauche, étant plus épaisse à son pourtour qu'à son centre incurvé, indique manifestement par le fait qu'il s'agit non de sang frais, mais de sang séché.

Il a donc fallu que, lentement, le sang sec se ramollisse suffisamment sous l'action des émanations humides et qu'arrivé à l'état pâteux, il ait pu, en adhérant au linceul y laisser l'image de ses coulées et de ses sérosités. Mais ce stade de ramollissement étant atteint, le sang se liquéfie rapidement après cela si le contact de l'étoffe avec le corps ne cesse pas, et comme dans le cas du sang frais, il

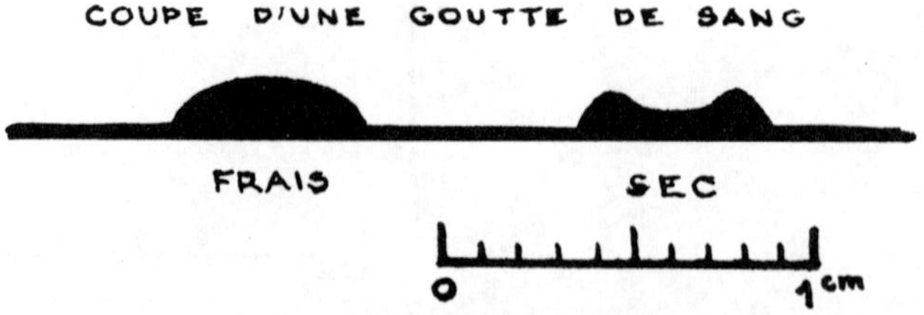

s'étale dans l'étoffe. Ses contours deviennent flous et imprécis [46].

Etant donné la précision des coulées sanglantes visibles sur le Linceul, il a fallu obligatoirement (et c'est là le cœur du problème) que le contact du linceul avec le corps cesse « au moment précis » où le sang arrivé à un état visqueux (d'une densité comparable à celle de la gelée de groseille) soit suffisamment humidifié pour se reporter sur le tissu, mais pas trop pour ne pas s'y étaler.

46. Paul VIGNON, *Le Saint-Suaire de Turin*, écrit p. 23. « C'est quand la fibrine est à moitié dissoute ; (ce n'est ni avant, ni après) que se fait un bon décalque ». Il ajoute un peu plus loin qu'il faut le « retour des caillots secs à l'état pâteux ».

4
Le Linceul raconte-t-il la résurrection ?

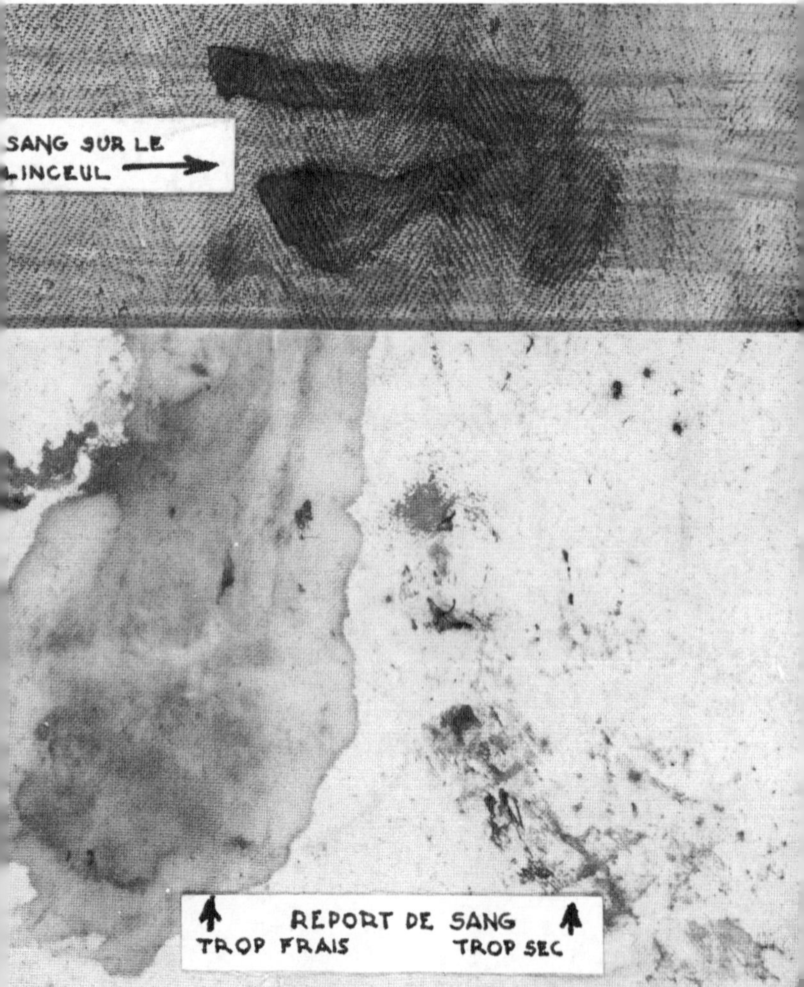
SANG SUR LE
LINCEUL
REPORT DE SANG
TROP FRAIS
TROP SEC

Expérimentation de reports

Mais peut-on arracher le corps du Linceul sans accidents préjudiciables à la netteté des reports sanglants ?

Non a répondu le Professeur Paul Vignon après des mois d'expérience. Il n'a réussi que partiellement sur de *tout petits* morceaux de tissu de moins de vingt-cinq centimètres carrés qu'il soulevait de un à deux millimètres par petites saccades. Il évitait de rompre les filaments de fibrine formés par le sang à ce stade de consistance et réussissait à les faire retomber juste sur leur point d'origine. Impossible de réaliser la même expérience avec un tissu de cinq mètres carrés comme est le Linceul. Quelque soin que l'on prenne à mener très délicatement l'opération, les filaments formés par la fibrine se rompent et perturbent les images. Ce qui n'est arrivé nulle part sur le Linceul.

Conclusion : on ne pourrait renouveler l'expérience du Linceul *même si l'on disposait de corps de milliers de suppliciés* identiques à Celui qu'il a enserré.

Seconde conclusion non moins inéluctable, qui atteste une situation hors série, l'on n'aurait pu sortir le corps sans que ne se produisent des perturbations dues à la fibrine. D'autre part, si le corps était resté le sang se serait étalé. Le corps a donc *cessé d'être physiquement présent* à l'intérieur des linges sépulcraux. Si le corps avait été *enlevé* où s'il avait repris vie en se réanimant, il y aurait eu infailliblement des arrachements, déchirements et autres bavures au lieu des contours de sang si précis qu'offre le Linceul.

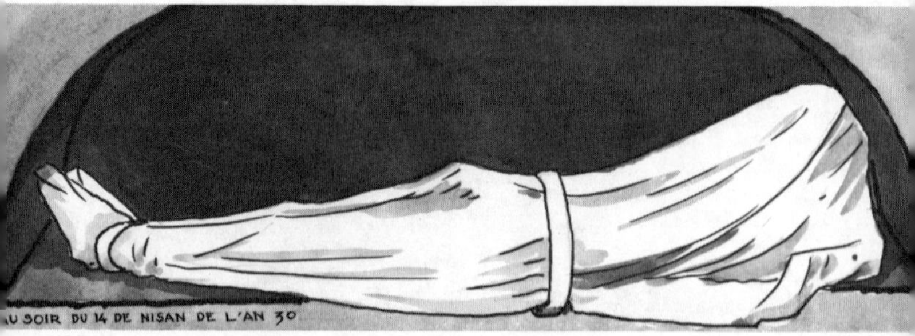

Les linges du ressuscité

Le Linceul nous met donc en présence d'un phénomène unique dans l'histoire du monde. Puisqu'il n'a pas été possible de sortir manuellement le corps et qu'il n'a pu se sortir lui-même, il faut que ce corps ait cessé d'être physiquement à l'intérieur des linges sépulcraux.

Les OTHONIA « gisant » comme l'a noté Jean (en employant le pluriel) ne pouvaient être que le Linceul et les bandelettes affaissées [KEIMENA [1]].

Jean n'est ni vague, ni imprécis car sous le nom générique de « linges » il englobe le linceul gisant et les bandelettes qui le liaient au corps gisantes avec lui.

Les linges étant affaisés depuis qu'en cette nuit de Pâques, le cadavre avait cessé d'y être enfermé.

Il semble logique d'admettre qu'outre le Linceul et la mentonnière, explicitement cités par les autres évangélistes, que lorsque Jean écrit les « linges » il entend englober dans ce pluriel : le Linceul mentionné par les synoptiques et les bandelettes dont la présence est uniquement révélée par le Linceul.

Aucun des quatre évangélistes n'a parlé des bandelettes et cependant l'examen objectif du Linceul attestant leur présence aux coudes et aux pieds met tout le monde d'accord, Jean toujours précis ne parle pas uniquement du Linceul *ou* des bandelettes mais les unit sous le terme général « les linges » gisants, tandis que le soudarion est resté « enroulé »]ENTETULIGMENON] Jn 20, 7 - 8.

1. Jn, 20, 7.

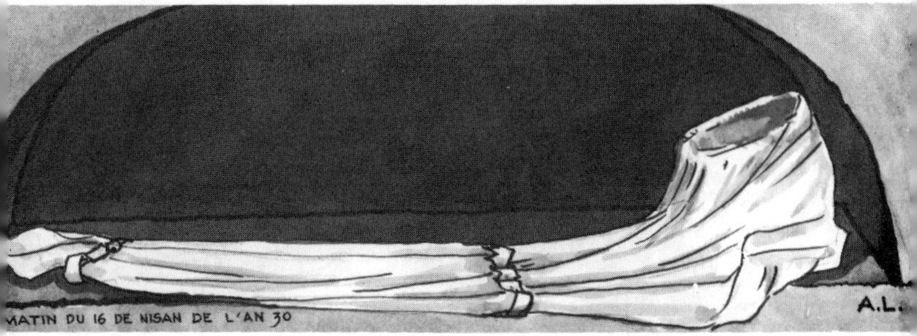

Et le soudarion ?

Qu'est devenue cette mentonnière ? Nul ne le sait. Elle peut rentrer dans l'ombre et l'oubli, son rôle est terminé. Comme nous tous, serviteurs inutiles dont le Seigneur a bien voulu se servir. Elle avait manifesté à Jean que son Maître était vraiment ressuscité.

Aux autres hommes qui comme Pierre n'avaient pas été témoins de l'ensevelissement, sa conservation ne pouvait apporter aucune attestation. Ce qui pour Jean fut une preuve ne nous permet que d'être émerveillés par le récit johanique.

Mais le Linceul porte-t'il témoignage aux hommes d'aujourd'hui par l'image qu'il leur révèle ?

La Résurrection

Arrivé avec Pierre au tombeau, Jean s'est penché, il a vu que les « linges » sont retombés, gisants sur la banquette sépulcrale et non à terre. S'ils avaient été à terre il n'aurait pas eu besoin pour les voir de se pencher comme le précise le texte évangélique. Ils sont restés sur la dalle sépulcrale avec le soudarion qui était sur sa tête, non pas affaissé comme les linges, mais au contraire enroulé comme il se trouvait précédemment (Jn 20, 4 - 10).

Tel est en substance l'interprétation la plus exacte du récit de Jean 20, 4 - 10).

Les linges sont *restés là* comme le traduit très justement le Lectionnaire. Le grec implique la nuance gisant.

donc si nous suivons le Littré : étendus, allongés. Littré cite ici de Voltaire ; « Je suis gisant dans mon lit », cela signifie couché, cela n'implique pas qu'il faille être étendu par terre, ou sur la descente de lit.

Le soudarion ne voilait pas le visage, il passait par-dessus la tête en l'entourant, avons-nous vu. Ce que Jean 20, 7 signale c'est qu'il est resté *à sa place* à l'intérieur du linceul.

Jean n'a pas vu les linges roulés dans un coin. Dans ce cas, il aurait été en droit de penser que quelqu'un les avait rangés là et donc, peut-être, avait enlevé le corps.

Au contraire, c'est la vue des *linges vides,* que personne n'a bougés depuis l'ensevelissement et qui sont maintenant affaissés (le corps n'étant plus là) qui entraîne sa conviction. Personne n'y a touché depuis l'ensevelissement.

Le soudarion fait saillir le Linceul à l'endroit où il se trouve à l'intérieur du Linceul.

Joüon précise bien que le *soudarion* n'était pas *roulé* mais restait *enroulé* à l'endroit unique qu'avait occupé la tête du Christ.

Comme le dit bien André Feuillet [2], le soudarion était demeuré enroulé bien distinctement à l'endroit unique qu'avait occupé la tête du Christ, et qui maintenant était vide. Il en résultait que ce *sudarium* avait gardé la forme d'un cerceau. Le mot à mot est : « dans le *premier endroit » et non pas dans un autre* endroit, observe H.M. Catta [3]. C'est dit-il, le même adjectif [ENA] que pour dire « le premier jour de la semaine » au verset 1 du même chapitre 20.

Le tableau que nous pouvons concevoir de l'état du tombeau lorsque Pierre et Jean y pénétrent n'est pas celui du désordre : bandelettes jetées à terre, ni d'un semblant de rangement constitué par des étoffes roulées dans un

2. André FEUILLET, « *La découverte du tombeau vide* », *Esprit et Vie,* N° 19 du 12 mai 1977, p. 282. Consulter également le rapport du même auteur au Congrès de Sindonologie de Turin de 1978.

3. Hervé-Marie CATTA, *le Suaire et les évangiles ;* Cahiers du renouveau, *« Il est vivant » n° 22, p. 22 en note.*

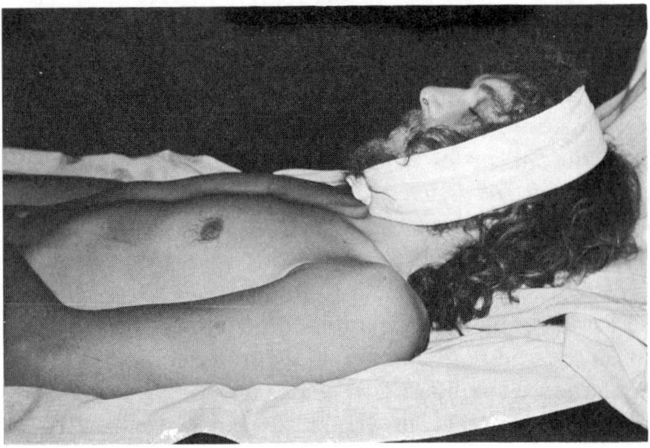

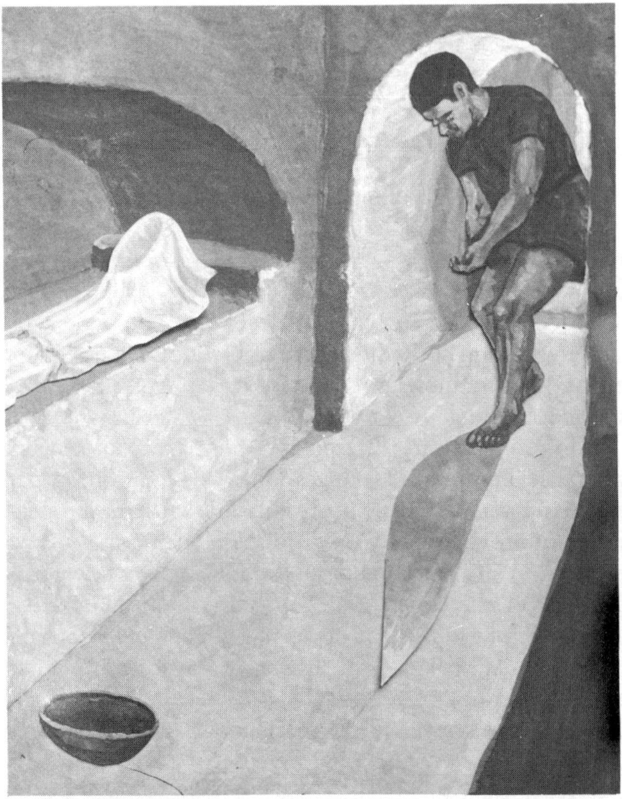

coin. Un tel spectacle n'aurait pas témoigné du fait prodigieux qui venait de se produire.

Ce qu'ont vu les deux apôtres, c'est *un tombeau où rien n'avait été déplacé.* Seul le volume du corps faisait défaut, sous la partie supérieure du Linceul, toujours lié par les bandelettes : un seul relief, celui de la mentonnière restée emprisonnée à l'intérieur.

Pas un retour à la vie antérieure comme pour Lazare, car en se réanimant comme lui il aurait déplacé ses linges sépulcraux en se libérant d'eux.

Saint-Paul nous prévient : le corps ressuscité est devenu corps spirituel, corps que la matière ne peut emprisonner. Le corps physique de Jésus a cessé d'être à l'intérieur des linges sépulcraux qu'il a mystérieusement quittés lorsque de l'état de corps physique, il est passé à l'état de corps spirituel, au-delà de la souffrance et de la mort, éternellement vivant et présent parmi nous.

Il vit et il crut

A l'heure où le voile du Temple s'était déchiré, Jésus était enveloppé dans le Linceul. Et son corps ressuscité, nouveau Temple, l'avait laissé intact, marqué à son effigie.

Seul le Sindon a été témoin de cet instant prodigieux de la Résurrection sur lequel repose notre foi. De nos jours encore, il en témoigne, comme il en témoigna aux yeux de Jean l'Evangéliste.

Selon son chapitre 20, (que la connaissance du Linceul vérifie et illumine) les « linges » affaissés, dégonflés par la disparition du corps emprisonnant le soudarion - mentonnière provoquent la foi du disciple bien-aimé « Il vit et il crut ». Ils provoquent aussi la nôtre, car si le corps avait été enlevé ou s'il avait repris une vie ordinaire, il y aurait eu infailliblement des arrachements et un brouillage dûes à la fibrine. Or, le Linceul offre des contours de coulées de sang très précis. Comme l'écrit le Dr Barbet [4], « un cadavre couvert de plaies est resté quelques heures

4. *Docteur P. BARBET, La Passion de Jésus-Christ selon le chirurgien,* p. 56.

dans ce Linceul. Rien ne nous expliquera comment il en est sorti, en laissant intactes et belles, sur ce Linceul, l'empreinte de son corps et les traces de ces saignements.

Un homme n'y parviendrait pas avec le cadavre d'un autre, sans les abîmer ».

Ainsi s'explique l'adhésion du Docteur P. Bellot, le grand radiologue, et l'exclamation du célèbre Professeur Hovelacque : « Alors Jésus-Christ a ressuscité ».

Est-ce à dire qu'il faille adopter la thèse rapportée par Wilson par laquelle les images du Linceul sont le flash (la brûlure) de la Résurrection. Mais, sur le Linceul la coloration, rosée du sang, très différente de la teinte bistrée de l'empreinte corporelle, semble un argument suffisant pour exclure la thèse de la « fulguration ». Le roussissement du flash n'aurait pas laissé subsister les colorations différentes visibles sur le Linceul.

Un point mérite grande attention : le sang n'est *pas en épaisseur sur le relief des fils de lin* comme l'on pourrait s'y attendre, mais seulement *entre les fils*.

Au moment où le corps a cessé d'être un cadavre, il semblerait n'avoir laissé dans son linceul que ce qui y était antérieurement. Le sang adhérent à l'étoffe et au corps, par contre semblerait avoir été repris et sublimé par lui.

La manière dont le corps de Jésus est ressuscité reste un mystère pour nous, mais une comparaison aide les enfants à comprendre que ce corps ne s'est pas détruit, qu'il n'a pas cessé d'être, mais qu'il est devenu corps spirituel :

Dans un récipient, l'eau est visible, palpable et mesurable. Si le récipient est chauffé, elle s'évapore et se transforme, sans se détruire. Mais comparaison n'est pas raison.

Parallélisme

L'Evangile aide à comprendre le Linceul, et l'étude archéologique du Linceul aide à comprendre l'Evangile : pourquoi Jean crut à la Résurrection après avoir vu la position des linges.

L'extraordinaire convergence de l'Evangile et du Linceul, qui s'adaptent comme une clé subtile à une serrure secrète, serait-ce un hasard ? N'est-ce pas un test objectif de l'historicité ?

Le récit de Jean n'est pas une histoire fabriquée pour matérialiser un message. C'est avant tout un témoignage. C'est le récit d'un témoin oculaire que l'étude du Linceul recoupe et vérifierait, car son « témoignage est vrai » (Jn 19, 35).

Comme l'a fait remarquer André Feuillet [5] les récits johanniques de la résurrection de Lazare et du Christ invitent à des parallèles qui soulignent les différences. Lazare et le Christ sont liés, mais alors que le premier doit être délié, le Maître de la mort se libère seul. Alors que Lazare revient à la vie antérieure pour un nombre d'années limitées, Jésus ne fait pas un simple retour à la vie terrestre et matérielle. La vie de son corps spirituel n'est plus limitée à une existence caduque. Il vit éternellement. La mort matérielle n'aura plus prise sur lui. Il l'a vaincue.

5. André FEUILLET, « *Esprit et Vie* », N° 28 du 12 juillet 1979, p. 409.

Si le Linceul était un faux

Si le Linceul était un faux, il y a longtemps que l'on aurait prouvé l'imposture car les moyens d'investigations ne manquent pas. Et ils ont été multipliés sur les angles d'attaque les plus divers.

Les objections faites depuis le début du siècle nous sont apparues peu à peu fragiles. Parfois, elles se retournent d'elles-même en faveur du Linceul.

L'on reproche au Linceul de manquer d'attestations écrites. Pas de papiers, pas de passeports. Il en a peu il est vrai. Mais, que faut-il produire ? Le cadavre d'un homme peut être porteur d'un certificat de vie en règle et un vivant n'en pas posséder. Mais, il se défendra vigoureusement si son existence, est contestée. Le Linceul se défend bien.

Exégèse

Le Linceul est-il en contradiction avec l'Ecriture ? Des exégètes ont essayé de le montrer. Mais tels le P. Braun, ils ont renoncé. Le terrain se révélant dangereux pour leur théorie même. L'étude du Linceul a finalement sorti l'exégèse de quelques impasses et conduit à une interprétation et traduction cohérentes et fidèles de textes longtemps méconnus et trahis. Significative est l'adhésion récente au Linceul d'un esprit aussi critique et objectif que l'évêque anglican Robinson. Le démythologisateur auteur d'« Honest to God » est devenu un des meilleurs défenseurs de l'authenticité du Linceul.

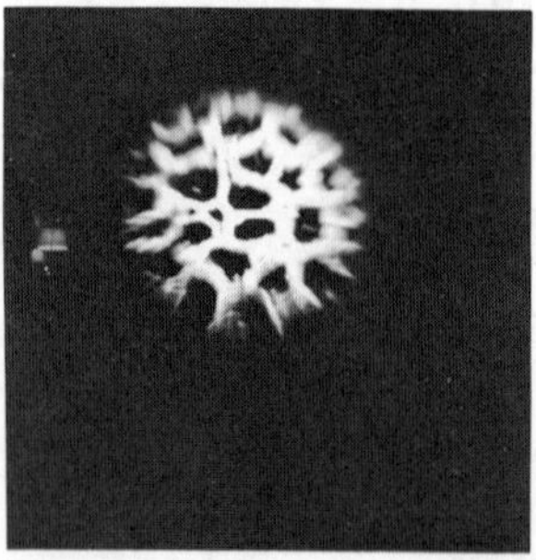 

Tissu

Les spécialistes nombreux qui ont étudié le tissu auraient tôt fait de prouver qu'il n'était ni de l'époque ni de la contrée dans lesquelles avait vécu le Christ.

Au lieu de cela des savants de la classe de Maurice Pillet lui assignent comme lieu d'origine Sidon et affirment que le métier à quatre pédales nécessaire à sa confection était d'usage courant au début de notre ère.

Pollens

Enfin l'étude des pollens, test nouveau fatal à tant de faux vient renforcer l'authenticité.

C'est dans la nuit du 23 au 24 novembre 1973 que Max Frei, professeur à l'Université de Zurich, expert de classe internationale en criminologie, pionnier de la palinologie (étude des pollens), préleva des pollens sur le Linceul, qu'il étudia et identifia.

Ce Linceul vient-il vraiment de Palestine, demande-t-on ?

Six pollens prouvent que le Linceul a séjourné en Palestine ce qui n'aurait pas été le cas s'il était un faux fabriqué en Champagne au XIVe siècle ou même à Byzance au XIIe pour être présenté à la vénération de gens crédules.

Parmi les 49 pollens qu'il a trouvés, Frei pense que 6 viennent de Palestine. Si l'on peut critiquer la localisation d'un pollen, à Edesse par exemple, il est indéniable

Pollens palestiniens.

qu'une forte proportion des genres de pollens recensés ne peut prêter à confusion et correspond indiscutablement à des taxons de régions méditerranéennes sub-désertiques tout à fait en faveur de l'origine moyen-orientale du Linceul et du séjour à Constantinople où le Linceul séjourna jusqu'en 1204 et enfin de nombreux pollens de France et d'Italie où l'on sait que la relique aboutit en ces derniers siècles.

Cadavre

Personne n'ose plus prétendre que le corps visible sur le Linceul ait été peint. L'examen en fort grossissement des sérosités, des décalques sanguins, du flou de l'image ne s'apparentant à *aucune école picturale*. L'hypothèse d'une intervention manuelle est exclue. Or il eût été facile de découvrir s'il y en avait eu des traces de pinceaux, de crayon, d'estompe ou de quelqu'autre procédé. Non, c'est la présence d'un cadavre qui est attestée. Seul un cadavre a pu laisser une telle empreinte. Il faut pour cela qu'il n'ait séjourné qu'un certain nombre d'heures dans un linceul. Si le corps était resté trop peu de temps, empreinte et report de sang auraient été imparfaits. Un séjour trop prolongé aurait brouillé, uniformisé les empreintes et étalé le sang, sans compter l'action de la décomposition qui n'aurait pas tardé à se produire.

Fabrication d'un faux

Lors d'une récente émission de T.V., Gilbert Brunet représentant des rationalistes, émit l'idée suivante : les moines byzantins étant capables de toutes les supercheries pouvaient être les auteurs du Linceul. Il n'a pas précisé (et pour cause) comment ils auraient bien pu s'y prendre. La réplique à cette insinuation est simple : même avec l'acquis scientifique actuel, et tout ce que l'étude pourtant scientifique du Linceul nous a révélé, il serait impossible de refabriquer un semblable Linceul.

On comprend comment empreinte et reports sanguins se sont produits, mais trop de conditions sont requises pour réaliser quelque chose d'approchant. Cela décourage l'expérimentation. L'on n'a produit que de grossières caricatures. C'est décevant.

Aussi ceux qui ont voulu contester expérimentalement le Linceul se sont-ils bornés à faire des copies peintes. Lorsqu'on regarde le négatif de copies comme celles de Reffo ou de Cusetti, la fabrication manuelle est évidente et Clément en enduisant de colorant une tête en plâtre s'est écarté des conditions de production d'empreintes spontanées. Il a été obligé de déplacer son tissu afin d'éviter des déformations inévitables.

De plus, comme le simple contact ne peut produire que des *a-plat* il a exercé des pressions d'intensité variable pour *singer* les émanations à distance. Il ne s'agit aucunement d'un simple enveloppement comme dans le cas du Linceul mais d'un exercice qui demande une habileté de prestidigitateur.

Clément est donc un habile homme, et il s'est donné beaucoup de mal pour tenter d'imiter le linceul. Mais le résultat n'est qu'une caricature. Et il n'a *même pas essayé* de reproduire le sang. Ce faux est aussi peu crédible que le serait l'imitation de billets de banque faite à l'aide de crayons de couleurs. Ces billets-là peuvent faire illusion à distance sur une scène de théâtre, mais personne ne risque de les mettre dans son portefeuille. Les applications d'étoffe sur un bas-relief ne sont pas plus probantes.

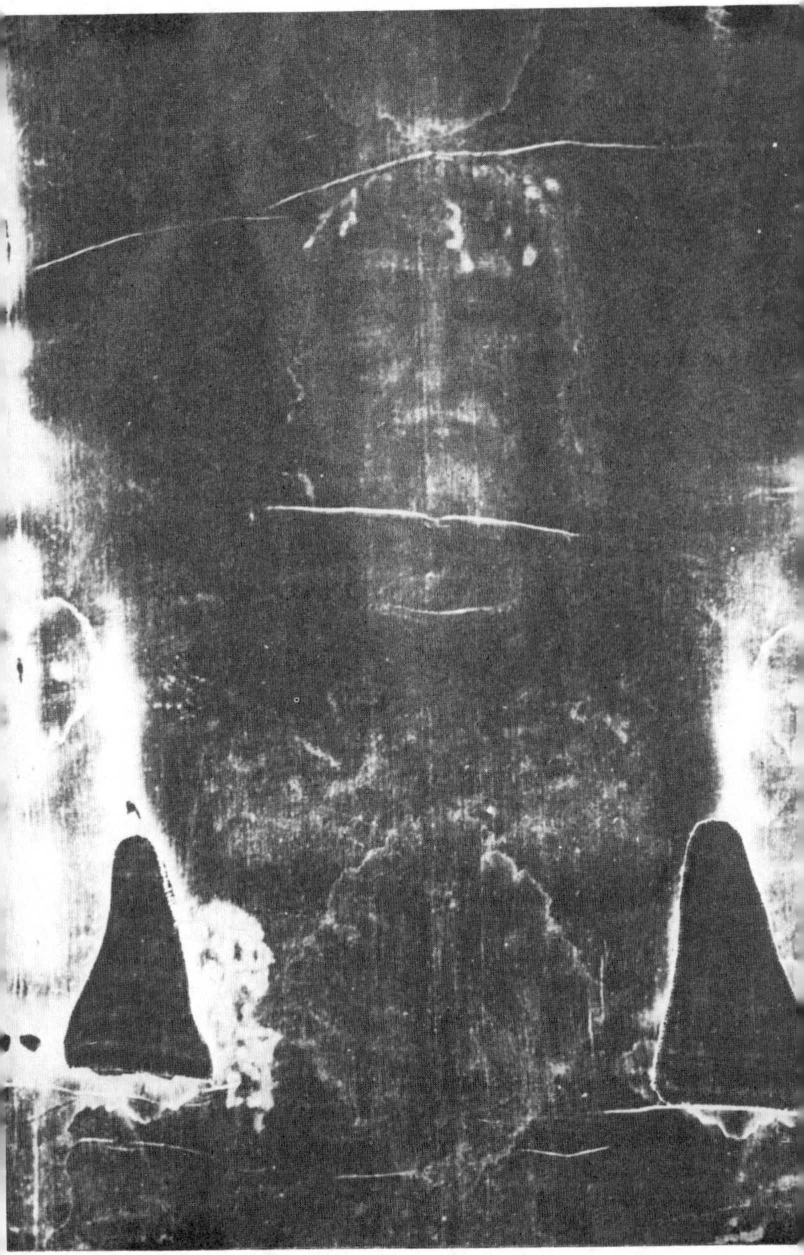

Le défi le mieux orchestré au cours de la dernière ostension est celui d'un certain professeur Pesce qui avait, ont dit les journaux d'octobre 1978 (qui en ont fait grand bruit), réalisé à l'aide d'une statue enduite d'acide sulfurique une empreinte en tout semblable à celle du Linceul. Une pareille expérience (loin de défier les siècles comme c'est le cas pour le Linceul) ne subsiste qu'une dizaine de minutes. Après quoi l'étoffe est « mangée » par l'action de l'acide. Si l'on veut faire une photographie de « l'expérience » l'on ne dispose que de quelques minutes avant destruction totale.

Mais ce que les simili faussaires n'ont même jamais essayé de réaliser c'est le *report de taches sanglantes.*

Pour démontrer l'inauthenticité du Linceul il aurait suffi qu'une seule objection soit valable, qu'elle soit d'ordre exégétique, médical, chimique, biologique, etc. Or il n'en est rien.

Ultimes informations

Par la presse et le livre, les mêmes journalistes qui expliquaient les empreintes par la fulguration (voir page 95) firent sensation en révélant la présence d'une pièce de monnaie de Pilate sur l'œil droit du Christ et d'inscriptions dans ses cheveux. Il est superflu de réfuter ces « découvertes » du P. Filas ou de Marastoni qui ne sont que des vues de l'esprit, tout comme la présence de saponine, substance soluble ne pouvant être détectée que sur des tissus récents.

Par contre, la connaissance des récents travaux des experts américains qualifiés, incite à n'apporter aucune modification à notre texte, qui au contraire se trouve confirmé sur des points importants. La datation par le C.14 ne pourrait que confirmer que Jésus a été enseveli au début de notre ère. Actuellement la marge d'erreur est réduite à environ 300 ans.

Peinture ancienne ou sang du Christ

Des articles parus en octobre 1980 ont insinué que le Linceul pourrait être une peinture, la présence d'oxyde de fer décelée pouvant provenir d'ocre rouge.

Est-il nécessaire de rappeler que si le *peroxyde de fer* est bien le colorant de l'*ocre rouge,* l'*oxyde de fer* se trouve également dans le *sang ancien*. Donc, ocre rouge ou sang ?

Les experts présents à Turin ont observé (et cela est visible par tous sur les photos en couleur) que sur le Linceul, la coloration ocre-rouge est *totalement absente.* La *coloration rose-carminé* du sang y est très différente.

L'on sait que le fer contenu dans le sang peut s'oxyder avec le temps, c'est là sans nul doute l'origine de l'oxyde de fer trouvé par Mac Crone. Les recherches ultérieures n'ont fait que confirmer les analyses très poussées des Américains Heller et Adler concluant que les marques rosées du Linceul sont bien du sang. Pour identifier celui qui fut enseveli dans ce drap, tant qu'une comparaison avec du sang de Jésus au cours de sa vie mortelle ne sera pas réalisée, la recherche du groupe sanguin restera sans intérêt.

Identité avec le Christ

Qui est le crucifié du Linceul ?
a. un sémite exécuté dans la force de l'âge,
b. il a reçu une onction sur la tête,
c. il a été flagellé,
d. il a été couronné d'épines,
e. son flanc a été percé après sa mort,
f. ses jambes ne furent pas brisées,
g. il fut enseveli hâtivement selon le rite juif,
h. il resta peu d'heures dans son Linceul,
i. il en sortit sans déranger ni bouger les linges l'enveloppant. Tout cela, c'est la Passion de Jésus selon les Evangiles. Pas une chance sur un milliard qu'un autre homme ait concentré un ensemble de renseignements si extraordinaires.

Epilogue

Le Linceul du Christ a excité la curiosité du monde scientifique. Il a passionné l'opinion en permettant une reconstitution étonnamment précise du film de la Passion.

Pour le croyant, il y a plus : c'est un témoin de la Résurrection.

Cette empreinte dont la parfaite réussite est unique dans l'histoire de l'humanité, pourra inciter à méditer l'action providentielle à laquelle nous devons ce divin portrait. Cette photographie avant la lettre, après dix-neuf siècles d'incompréhension permet de contempler la vraie effigie de Jésus, pâle reflet de sa beauté.

« *Ces images,* a dit Pie XI, *sont les plus suggestives, les plus belles, les plus précieuses que l'on puisse rêver* ».

Aux hommes de notre temps qui veulent des livres illustrés, le Linceul apporte une illustration de l'Evangile réalisée avec la sueur et le sang du Christ.

Le négatif photographique, en inversant les valeurs, semble faire surgir de l'ombre tout le corps de Jésus ; il nous révèle ses traits.

Sur le visage de Celui qui s'est dit la Lumière du monde, il n'y a aucune ombre et son sang y paraît lumineux [6].

C'est un *cadavre* qu'*enserra le Linceul.* Il a reçu son image qu'il nous montre.

C'est ce *corps vivant* qui vient *en nous par l'Eucharistie* « afin que la *vie de Jésus* soit aussi *manifestée dans notre corps* » [7].

Présentons à tous, non le visage attristé des disciples au soir du Vendredi Saint, mais le visage joyeux de ceux qui depuis le matin de Pâques sont sûrs d'être non seulement des rachetés mais des sauvés.

« Fais lever sur nous, la lumière de ta Face, Seigneur, tu as mis dans mon cœur plus de joie qu'ils n'en ont » [8].

6. Qui me voit, voit le Père a dit Jésus, (Jn 14, 9) le Père des lumières en qui n'existe aucune ombre de changement », (Ep. de Saint-Jacques, 1, 17).

7. 2. Co 4, 10.

8. Ps 4,7 - 8.

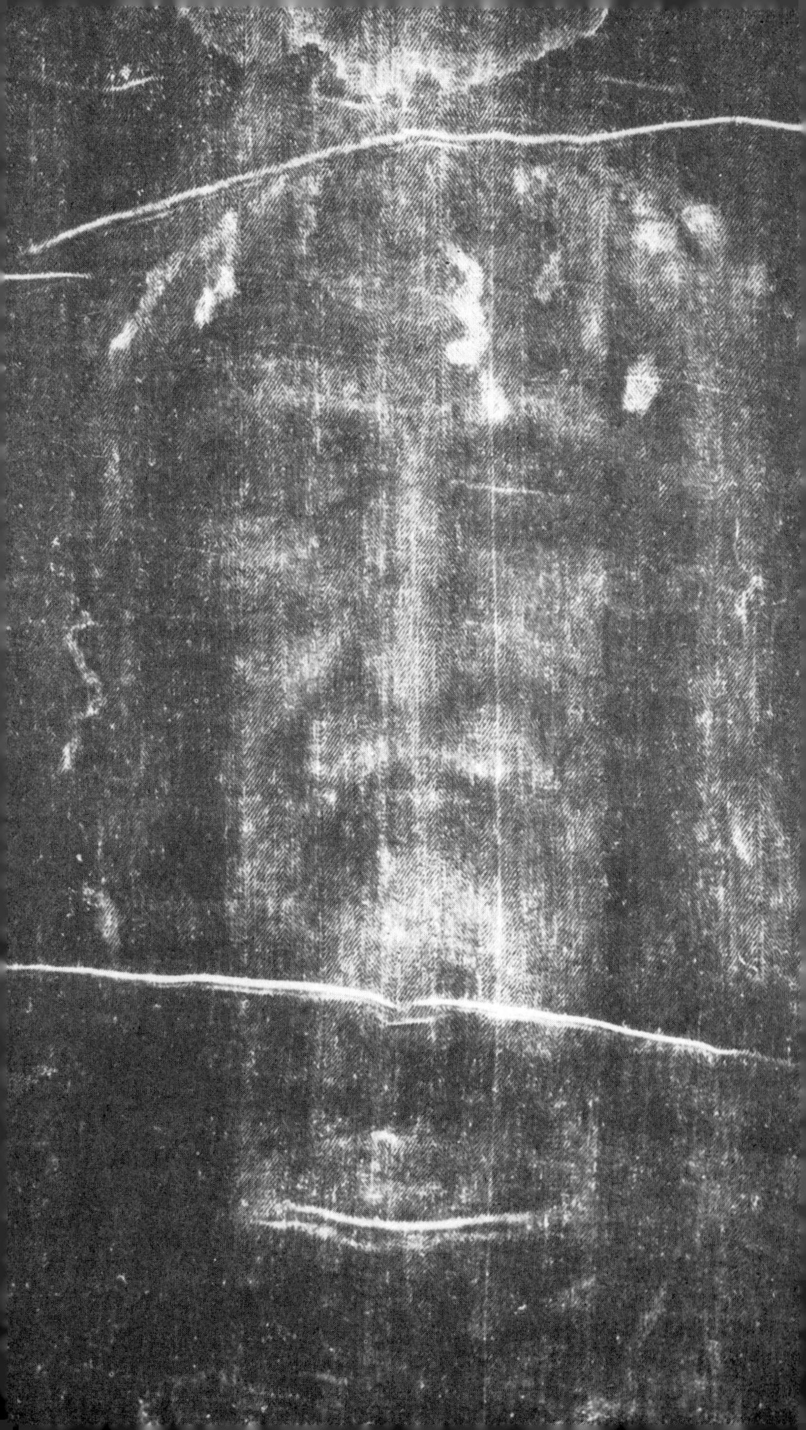

« Rassemblés autour d'une si précieuse relique, nous sentons croître en nous l'attrait mystérieux pour la personne de Notre Seigneur Jésus-Christ...

« Le visage du Christ s'y est imprimé, il nous est apparu si vrai, si profond, si humain et divin, que nous l'avons admiré et vénéré comme aucune autre image ne nous avait permis de le faire »

Paul VI - allocution diffusée en direct
au cours de l'ostension télévisée de
Turin le 23 novembre 1973.

Le 13 avril 1980 à Turin, Jean-Paul II vénère et baise « Le Sacré Sindon, la Relique la plus splendide de la Passion et de la Résurrection »

(allocution Place St-Pierre de Rome le 20 avril 1980
Oservatore Romano 21-22/4/80

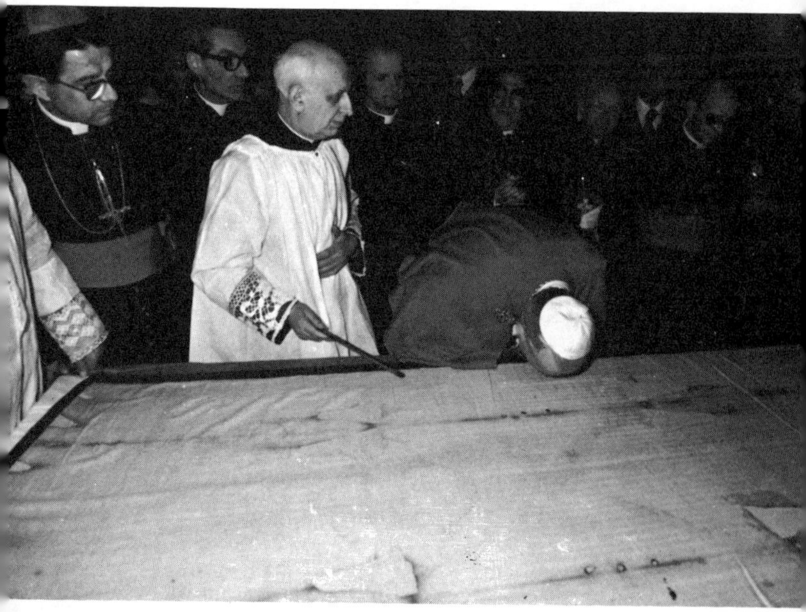

Bibliographie

E. DERVIEUX, *Bibliographie della S.S. Sindone,* Chieri, Ghiardi 1929 et 1936 : pour les ouvrages antérieurs à cette date.

Luigi FOSSATTI, *Bref essai de bibliographie sur le Sindon,* Turin, éd. Bottega d'Erasmo, 1978, 1337 titres.

Dr Pierre BARBET, *La Passion de N.S Jésus-Christ selon le chirurgien,* Issoudun, Dillen 1950 - huitième édition, Paris, Apostolat des éditions 1971 ; livre de science et de foi, d'une importance capitale, toujours actuel

Arthur BARNES, *The Holy Shroud of Turin,* London 1934 ; l'un des meilleurs ouvrages en anglais.

Werner BULST, *Das Grabtuch von Turin,* Frankfurt, 1955 ; ouvrage allemand d'une solide érudition.

CARRENO ETXEANDIA, *El ultimo reportero,* Pamplona, ed Don Bosco, 1976.

Dom CHAMARD, *Le Linceul du Christ,* Paris, Oudin, 1902, très sérieuse étude historique.

Gilbert CESBRON, *Un certain visage,* dans *Mourir étonné*, Paris, Laffont, 1976 ; émouvante méditation sur une photo du Christ, qui, dit l'auteur, « ne me quitte jamais ».

Ulysse CHEVALIER, *Le Saint-Suaire de Turin est-il l'original ou une copie ?* Chambéry, 1899 ; nombreux textes anciens fort utiles à l'Histoire, mais aucun d'eux n'infirme l'authenticité comme le croyait l'auteur.

Paul CLAUDEL, *Toi qui es-tu ?* Paris, Gallimard, 1936.

Piero COERO-BORGA, *La S. Sindone, documentazione fotographica,* Torino Capella S. Sindone, 1968 ; abondante documentation photographique.

René COLSON, *Le Portrait du Christ,* Paris, Oudin, 1914.

Gérard CORDONNIER, *Le Christ dans sa Passion,* Paris, Procure du Carmel, 1936 ; élévation mystique d'un scientifique.

Giuseppe ENRIE, *Le Saint-Suaire révélé par la photographie,* traduction G. PORCHÉ, Paris, Procure du Carmel, 1936

André FEUILLET, *La découverte du tombeau vide,* Paris, Esprit et Vie, N° 18 et 19, 1977 ; texte remarquable dont les exégètes devront tenir compte à l'avenir.

Luigi FOSSATTI, *Conversazioni e discusioni sulla Santa Sindone,* Torino, 1968 ; le meilleur ouvrage en italien, érudit, précis et simple.

P. de GAIL, *Jésus-Christ révélé par son Linceul,* Paris, Téqui, 1976 ; la meilleure synthèse des conceptions personnelles de l'auteur.

Thomas HUMBER, *L'énigme du Saint-Suaire,* Paris, Le Cerf, 1979, traduit de l'anglais.

R.W. HYNECK, *Le martyre du Christ,* Avignon, Aubanel, 1937.

Ceslas LAVERGNE, *La preuve de la Résurrection de Jésus d'après Jean 20,7,* dans Sindon, Turin, N° 5 et 6, 1961, p.p. 7 à 32 et 5 à 31.

Antoine LEGRAND, *La Passion selon le Saint-Suaire,* Paris, 1938.

Arthur LOTH, *Le portrait de N.S.,* Paris, Oudin, 1900 ; ouvrage fondamental, auquel l'on revient constamment. *La Photographie du Saint-Suaire,* Paris, Oudin, 1907 ; contient in-extenso le premier témoignage de Pia.

P. NOGUIER DE MALIJAY, *Le Saint-Suaire de Turin,* Paris, Oudin, 1902, et Paris, Spes, 1929 ; la dernière édition résume le travail de toute une vie consacrée à faire connaître le Linceul.

Pietro SAVIO, *Ricerche storiche sulla Santa Sindone,* Torino, 1957 ; très nombreux textes anciens parsemant des siècles de silence.

Pietro SCOTTI, *La Sindone di Torino,* Torino, 1940 ; les écrits de ce chirurgien font justement autorité en Italie.

Henri TERQUEM, *L'authenticité du Linceul de Turin,* Paris, Paclot, 1902.

Paul VIGNON, *Le Linceul du Christ,* Paris, Masson, 1902 ; premier ouvrage important faisant le point à cette époque. *Le Saint-Suaire de Turin,* Paris, Masson, 1939 ; important ouvrage résumant le travail d'une vie et magnifiquement illustré. Une réédition en a été récemment réalisée.

Jean VOLCKRINGER, *Le problème des empreintes devant la Science,* Paris, Procure du Carmel, 1942 ; étude scientifique remettant à l'avance à leur place des hypothèses de science-fiction.

Ian WILSON, *Le Suaire de Turin,* Paris, Albin Michel, 1978 ; la traduction fait regretter l'édition anglaise nettement supérieure.

Edward WUENSCHEL, *Self-Portrait of Christ,* New York.

COLLECTIF, *La Sindone e la scienza, Bilanci e programmi del II Congresso Internazionale* di Sindonologia, e cura di P. Cœro-Borga, Rome, éd. Paoline, 1979.

SINDON, Revue éditée par le *Centro internationale di Sindonologia,* Via San Domenico 28, Torino.

IL EST VIVANT, numéro spécial des cahiers du Renouveau de décembre 1978 (N° 22).

Jean-Jacques WALTER, *Le visage du Christ,* éd. Montre-nous ton visage, excellente présentation des résultats scientifiques non équivoques sur le Linceul.

Plan général

Chapitre 1

Pèlerins et pèlerinages au Linceul du matin de Pâques à 1978

Chapitre 2

Examen du Linceul

Chapitre 3

Le Linceul raconte la Passion

Table des illustrations

Couverture : image tridimensionnelle de la Face (relief réalisé en 1974 par Paul Gastineau).

Les photographies du linceul sont du Comm. G. Enrie,
Les dessins et reconstitutions sont de l'auteur (reproduction strictement interdite)